侷限只會存在於我們的思想中，

如果你能善加運用「想像力」去拓寬，

你就會發現一人生是擁有無限的可能！

John. D. Rockefeller

洛克菲勒

窺見上帝秘密的人

洛克菲勒〔原典〕　　林郁〔主編〕

前言

成功不是以一個人的身高、體重、學歷或家庭背景來衡量，而是以他思想的「大小」來決定。我們思想的大小決定我們成就的大小。這其中最重要的一條就是我們要看重自己，克服人類最大的弱點——自貶，千萬不要廉價出賣自己。你們比你們想像中的還要偉大，所以，要將你們的思想擴大到你們真實的程度，絕不要看輕自己。——摘自《洛克菲勒寫給兒子的38封信》

約翰·D·洛克菲勒，一位白手起家創造了標準石油公司的商業大亨，在百年後的今天這家公司依然是世界上最大的石油公司之一，這位歷史上「最富有的商人」也是一位「大慈善家」，他建立至今仍影響著美國社會的洛克菲勒中心、洛克菲勒基金會、現代藝術博物館、洛克菲勒大學，以及培養了12個諾貝爾醫學獎獲得者和3個美國國務卿。

一、童年的「火雞交易」開啟了洛克菲勒的財富之路

洛克菲勒童年時期，他的父親在經濟上的支持，就是從不平白無故的給孩子零花錢，而是每天讓他幹農活，比如除草、擠牛奶等，做些力所能及的工作，完成任務後會按每小時5毛錢結帳給他，於是他的幼年便過著「半工」半讀的生活，但和其他家庭孩子不同，洛克菲勒的努力充滿了精明。

8歲時，除了零錢的硬幣，他剛剛認識綠色鈔票一張一張的美元，就顯現出財商意識，他看上了鄰居飼養的火雞，於是便經常幫助鄰居整理花園和菜地，到秋天豐收時，洛克菲勒從鄰居家獲得兩隻半大的火雞，當兄弟姐妹還在考慮如何吃掉這些美味時，洛克菲勒卻堅持把火雞飼養起來，他認為長遠的收益會比一時的口福更有價值（這也是後來他常到野外樹林間捕捉小火雞的契機）。

從小他就認識到用財商思維管理錢財，對於改變生活的重要性，他的一生幾乎都在投資和獲利中度過。

二、從節儉開始，這些細節是創造財富的關鍵

雖然洛克菲勒的財富享用不盡，但他教給孩子們的卻是節儉，洛克菲勒二世（即小約翰）給每個孩子發一個帳本，每一分錢的用途和時間都要記錄，並告訴孩子在下個星期發零花錢之前交給家長審查，如果帳目詳細清晰，使用得當，這個星期會多領1元零花錢，否則就要從零花錢裡扣1元。

三、洛克菲勒家族兒女零用錢的使用細則：

（1）零用錢起始標準每週1美元50美分；

（2）當這個禮拜「財政收支」記錄清晰，用途得當，下禮拜就會增加10美分的獎勵；

（3）當這個禮拜「財政收支」紀錄含糊，用途不當，下個禮拜就會扣除10美分作為警告。

（4）雙方同意至少20％用於儲蓄，20％用於公益；

（5）雙方同意每項支出，都必須清楚地記錄；

（6）雙方同意在未經爸媽的同意，不能任意購買自己想要的商品（因為想要的東西，不一定是需要東西）。

四、正確的金錢觀是走向財富成功的第一步

洛克菲勒零花錢的使用方法，是洛克菲勒家族一直延續至今的家庭規定，他在給孩子的忠告中說過，他告誡孩子如何從小樹立正確的金錢觀：

（1）錢的用途：錢可以買東西，需要什麼就一定要拿錢購買，通過每一次的購物，讓孩子經歷物質交易的過程，強化孩子對購買力的認知。

（2）錢從哪裡來：錢不是隨便生出來的，也不是父母贈予的，而是需要付出努力勞動和時間交換獲得的。

五、收穫財富：克制消費，懂得回報與付出的道理！

儘管洛克菲勒富甲天下，但從不在金錢上放任孩子，遵循再富不能富孩子的教育原則，要先回饋社會，絕不讓孩子隨便揮霍。都說開源節流，更確切地說是培養

孩子的賺錢意識，了解賺錢的規則，試著教他們基本的各種財富常識等等。

六、留給孩子的不是財富，而是凌駕於金錢之上的智慧

猶太人從小培養孩子財商的目的，並非讓孩子淪為賺錢的機器、守財的奴隸，而是教會他們從小懂得勞動倫理學，學會投資和理財，不只是單純地灌輸知識和鍛煉生存能力，更長遠的意義是幫助孩子養成人生中必要的智慧和正確的價值觀……等等。——摘自《塔木德》

洛克菲勒退休之後，他自詡為是「上帝的財富管家」。因此，他認為留給後代的這些財商思維、對下一代子女的教養，會比有形的財富更為珍貴！

他是人類歷史上第一個億萬富翁，而且是從一個小小的簿記員走到全球石油業的霸主。有人說，他是「美國夢」的代表人物；其實——他反而才是貨真價實的「美國夢」的製造者；同時他也造就了美國歷史上一個獨特的時代。不愧是一個被譽為——「窺見上帝秘密的人」！

目錄

目錄

第一章
洛克菲勒
人生的履歷書

1．洛克菲勒創造了美國夢

約翰．D．洛克菲勒（一八三九年～一九三七年），這位在美國歷史上乃至世界史上有著特殊地位的商業鉅子，他是美國最富有的傳奇商人、是托拉斯企業（從購併中小型公司以及大量控股大公司來完成一體化的壟斷形式企業）制度的開山鼻祖、是全球首位億萬富翁、是世界公認的「石油大王」，同時，他又是美國歷史上最大的慈善家。那麼這位傳奇人物有著怎樣的神秘人生呢？

回顧約翰．D．洛克菲勒九十八年的崢嶸人生歲月，相信我們一定會被這位富豪異常冷靜（思考）、精明（手腕）、富有遠見卓識的頭腦（判斷），以及商戰中獨具魄力的手段（決斷力）所折服。

一、貧民之子從小就有做生意的基因

一八三九年7月8日，約翰．洛克菲勒出生於紐約州哈德遜河畔上的一個名叫里奇福德的小鎮。約翰．洛克菲勒從小並沒有生活在一個良好的家境中，他的父親長年奔走在外，以做生意人的身份到處流浪，人稱「大個子比爾」，當年他是個到處闖蕩的木材商、馬販子，還是個江湖的郎中，兜售所謂「立見奇效，包治百病」的靈丹妙藥。雖然身兼數職，但都是不務正業。也因此也沒有給約翰・洛克菲勒立下一個好榜樣，不過倒是教會了約翰・洛克菲勒一個「講求實際」的經商之道。

母親是個虔誠的基督教徒，言行舉止都尊崇《聖經》要求，她勤快、節儉、樸實，對兒女們家教嚴格。身為長子的約翰・洛克菲勒從母親那裡學到了精打細算、勤儉節約、堅守信用和一絲不苟的長處，這對他日後的成功有著極大的影響。

洛克菲勒在幼年的時候，曾將自己野外捉到的小火雞精心餵養大，拿到市場上賣掉。在他12歲的時候，便已經擁有了一筆數目不小的積蓄——50美元，而且他的經濟頭腦在那時就已經顯現，他將自己50美元的積蓄借貸給一位鄰居，賺取利息。

二、高中還沒畢業，就開始動賺錢的腦袋

16歲時，離高中畢業典禮只剩兩個月的洛克菲勒輟學到俄亥俄州一家大公司——休伊特・塔特爾公司裡當簿記員，每週可以賺5美元的薪資。

三年後，也就是在他19歲的時候，他以年息10％的條件向父親借了一千美元，加上自己積蓄的八百美元，與克拉克合夥創辦了一家經營代銷穀物和肉類的批發公司。這是洛克菲勒生平所辦的第一家公司。也正是從這時起，洛克菲勒發現了數字的奧妙，開始數無巨細地記載自己的每一筆收支。

美國南北戰爭爆發後，洛克菲勒沒有應召入伍參加戰爭，而是在戰爭期間賺得了豐厚的利潤，這為他日後踏入石油行業奠定下了一定的經濟基礎。

三、決定在石油生意上賭一把

三年後，年僅22歲的洛克菲勒在煉油專家安德魯斯的建議下，毅然決定邁入煉油行業，豪賭四千美元投資煉油廠。

那時剛出頭的洛克菲勒做生意已經頗為老練了，在第一年投資煉油廠大賺一把後，他冷靜地分析了市場情勢，決心在石油行業放手大幹一場，但是最早的合夥人克拉克是個膽小怕事的人，不敢冒險加大石油投資力度，最終二人因意見分歧而分道揚鑣。

當拍賣（休伊特・塔特爾）合夥公司的產權時，兩人都想贏得公司的掌控權，雙方僵持不下，彼此喊價的情景十分激烈。但洛克菲勒已下定決心要投資石油行業，因此每次叫價他都毫不猶豫地喊出比克拉克更高的標價，直至最終以7.25萬美元的高價取得了公司的全部股份，更改公司名稱為洛克菲勒・安德魯斯公司，從此真正踏上了他的石油生涯。

就在同年，他又開辦了第二家煉油廠，成為克利夫蘭第一大煉油企業。第二年，又組建了紐約洛克菲勒公司，負責出口業務。第三年，亨利・莫里斯・費拉格勒入夥，公司改名洛克菲勒・安德魯斯・費拉格勒公司。

三年後，即一八七〇年，公司內部合併，標準石油公司成立，洛克菲勒擔任總裁，主掌公司大權。當時身價100萬美元。這時，洛克菲勒放出豪言：「總有一天，我要讓我的標準石油公司吃掉所有的煉油、製桶行業。」

接著，在之後不到兩年的時間裡，他接連吞併了該地區20多家煉油廠，掌控了該州90％的煉油業、所有的主要輸油管道以及賓夕法尼亞鐵路的全部油車。同時還接管了新澤西鐵路公司的末端設施，使得紐約、匹茲堡、費城的石油資本家們望塵

莫及，紛紛甘心拜倒其腳下。

接著，為了掌控全美的石油工業，他又操縱紐約中央鐵路公司和伊利公司同賓夕法尼亞公司開展鐵路運費方面的競爭。一八七九年底，標準公司已控制了90％的全美煉油業；到了次年，標準石油公司就已經掌控了全美95％的煉油業了。

四、創造美國商業史上的奇蹟——托拉斯

他著實創下了一個美國史的奇蹟，從美國有史以來，還沒有一個企業能夠像標準石油公司這樣完全而徹底地獨霸過市場呢！

而就在此時，洛克菲勒的律師多德提出了「托拉斯」這種壟斷組織的經營模式。這給洛克菲勒以極大的刺激！於是，在多德「托拉斯」理論的指導下，他先後合併了40多家廠商，達到了壟斷目的，此刻全美80％的煉油工業和90％的油管生意都掌控在他的手裡。

一八八六年，標準石油公司又創建了天然氣托拉斯。標準石油公司最終定名為美孚石油公司。而他所創造的「托拉斯」經營模式則在全美各地、各行業迅速蔓延

開來，極短的時間內，托拉斯壟斷組織形式已經占美國經濟的90%了。

洛克菲勒成功地造就了美國歷史上一個獨特的年代——壟斷年代。而洛克菲勒本人則憑藉這個極易斂聚財富的組織迅速將標準石油公司打造成全世界最大的石油集團企業，並獲得了蜚聲海內外的「石油大王」稱號。

然而，好景不長，作為一個石油行業的壟斷者，洛克菲勒得罪了許多人：商業對手、華爾街人民、法院官員、國會議員。壟斷企業對經濟的控制也使得整個社會躁動不安。在西奧多．羅斯福總統《反托拉斯法》的重擊之下，美孚（標準）石油被迫解體。（在被法院判決違反《反托拉斯法》之後，一九一一年被拆分為34家公司）

五、雖然身價不凡，但他的生活依然沒有改變——極至簡樸

但是，儘管洛克菲勒的壟斷企業斂聚的巨額財富引起社會各界的警惕，可洛克菲勒本人卻秉承他母親的善性，是個虔誠的基督徒，他的生活嚴格遵循浸禮會的教條——不喝酒、不抽煙，甚至不跳舞。同一般意義上的富翁習性不同，白手起家的

洛克菲勒對購置法國莊園或蘇格蘭城堡毫無興趣，更不屑於購買價格不菲的藝術品、遊艇或其他名牌（代表性）的奢侈品，而是將自己的資金投注到慈善事業上。

他一生個人的生活享受，最大的奢侈開銷就花在騎馬和打高爾夫球上，騎馬是洛克菲勒一生沉溺的愛好，而高爾夫是他老年時最愛的一項運動。

六、把上帝的財富還給社會需要幫助的人

一八九七年，從標準石油公司退休後的洛克菲勒更加專注於慈善事業。成立「洛克菲勒基金會」，向教育（現在的芝加哥大學、洛克菲勒大學）、文化、醫療衛生和其他社會團體慷慨贈款。而且值得一提的是洛克菲勒基金會是一個沒有時間、國度限制的全球性慈善機構，截止到20世紀30年代，洛克菲勒基金會已經成為世界上最大的慈善機構了。

洛克菲勒一生直接捐獻了5.3億美元，而他整個家族在慈善機構上投注的贊助資金超過10億美元。其中當時的中國是接受贊助資金僅次於美國的國家。

一九一五年，洛克菲勒基金會成立中國醫學委員會，由該委員會負責在一九一

七年建立的北平協和醫科大學以及一九二一年又創立了大學附屬的北平協和醫院是洛克菲勒基金會在中國進行的最大、最著名的一項慈善事業。這所大學為中國培養了一代又一代掌握現代知識的醫學人才。而還有一項鮮為人知的慈善事業——周口店「北京人」的挖掘和考古工作，洛克菲勒基金會從一開始就參與該項考古研究。

七、他沒用托拉斯賺取暴利，反而嘉惠給普羅大眾

從一八五九年美國賓夕法尼亞州的第一口油井——德雷克油井，獲得了商業性成功之後，就標誌著人類已經進入現代石油工業，當時石油最重要的用途是提煉煤油，供照明之用。

而從洛克菲勒的標準石油公司一八七〇年成立後，他憑藉毫不手軟地擠壓、吞併手段迅速建立起自己的石油帝國。在他掌控全美大部分煉油業後，便開啟了洛克菲勒石油產品多元化並低價格化時代，其中汽油價格的改變尤為顯著，由之前的88美分每加侖迅速下降到每加侖5美分。

一九一一年5月15日，美國最高法院在西奧多．羅斯福總統的操控下——依照

一八九〇年的《謝爾曼反托拉斯法》逼迫美孚石油公司（即標準石油公司）解體，美孚石油帝國被拆分為約34家地區性石油公司。然而，不管最高法院給予怎樣的最終判決，也不管此前媒體如何將洛克菲勒定性為「邪惡者」「為達目的不擇手段的壟斷資本家」，眾多投資者還是依然熱衷於追捧美孚這些子公司的股票，這使得分解後的「美孚子公司」們的股票價值合起來遠大於之前的「美孚母公司」的價值，而洛克菲勒家族的資產非但沒有因為美孚的解體而減產，反而暴漲了一番。

八、洛克菲勒反而建立了龐大的石油帝國

有趣的是，反托拉斯法案並沒有摧毀洛克菲勒，反而讓他的事業更加輝煌、更上一層樓。洛克菲勒創建的石油帝國的繼承公司：埃克森（Exxon）、美孚（Mobil）、雪佛龍（Chevron），連同起家於德州的德士古（Texaco）、海灣（Gulf），英國石油公司（BP）和英荷皇家殼牌石油公司（RoyalDutch/Shell）被人們合稱為「石油7姐妹」，成為世界上最大的7家跨國石油公司。

一九九九年埃克森同美孚合併，二〇〇一年雪佛龍同德士古合併，此前海灣在

一九八〇、一九九〇年將其資產售予雪佛龍和英國石油公司。今天，埃克森—美孚，雪佛龍、英國石油、殼牌和法國的Total是世界最大的五個大石油公司。

當約翰．洛克菲勒在一九一〇年發現自己名下的財富已經達到近10億美元時，他開始考慮如何運用這筆財富。由於自己不屑像一般豪富那樣大肆購買奢侈品，所以他就把自己資產中相當大的一部分部分投資於煤礦、鐵路、保險公司、銀行和各種類型的生產企業，其中最出名的是鐵礦生意。

九、洛克菲勒的身價有多少？

倘若約翰．洛克菲勒現在還健在的話，那麼他的身價折合成今天是多少呢？二〇一八年有經濟學者預估身價大約是4180億美元左右。而根據二〇〇三年的《富比士》億萬富翁排行榜顯示，當時的世界首富比爾．蓋茲身價為407億美元，二〇一一年比爾．蓋茲以560億美元淨身資產排布《富比士》全球富豪榜第二位。而二〇一一年的《富比士》億萬富翁排行榜顯示的世界首富卡洛斯．斯利姆．埃盧（墨西哥電

信巨子）身價740億美元，反觀洛克菲勒雖已不在人世了，但他的身價卻沒有減退或消失，反而是這些《富比士》排在十名內的現代首富的好幾倍。

十、洛克菲勒留給世人的地標

漫步紐約大街，舉眼望去，你隨處可以看見洛克菲勒家族昔日以及今朝所創造的輝煌足跡——摩根大通銀行、洛克菲勒中心、洛克菲勒基金會、現代藝術博物館以及在生命科學領域位居世界前列的洛克菲勒大學。甚至青黴素（即盤尼西林）得以普及成一種通用抗生素藥品，也同洛克菲勒及其家族有著莫大淵源。約翰・洛克菲勒的遺產依然支配著世界石油產業，他本人也堪稱今天無所不在、無所不能的西方石油工業的人格化象徵。

正如洛克菲勒自己所說的那樣——「倘若把我剝光，將身無分文的我丟在沙漠上，只要上帝讓一行駝隊經過，用不了多久，我就可以重新建立起一個全新的完美王朝。」

十一、洛克菲勒心知肚明，他的城堡絕對屹立不搖

洛克菲勒家族正是因為秉持了老洛克菲勒「沙漠駱駝」的賺錢能力，才得以有著令世人矚目的財富傳承。常言道「富不過三代」當作是富人家世命運的鐵律，但是，洛克菲勒硬是打破了這個鐵律，創造了傳承六代豪富的奇蹟（馬上就要進入第七代了）。

這跟洛克菲勒家族的教育有著分不開的聯繫。約翰·洛克菲勒雖然聚斂了巨額財富，但是其本人的生活卻是非常儉樸的，他從小就養成了勤儉節約、愛惜金錢的好習慣。16歲時他花10美分買的一個小筆記本記下了他的每一筆收支，他一生都把這本帳簿視為自己彌足珍貴的紀念物。

十二、洛克菲勒的婚姻與下一代的親子教育

一八六四年9月8日，洛克菲勒同24歲的高中同學蘿拉·斯佩爾曼舉行婚禮，儘管他已積攢了巨大的財富，可是買結婚戒指卻只花了15.75美元。這筆開銷記在

了他帳簿的「雜項開支」的名義下。

還有，他曾欠一位朋友5美分零錢，在還朋友錢的時候，朋友讓他不必客氣，可他卻堅持把硬幣放到朋友的衣袋裡，鄭重地說：「哦，朋友，不要小看這枚小小的5美分錢幣，我們儲蓄整整一年才獲利息1美元呀！」

此外，他也時時刻刻不忘給兒女們灌輸自己在一貧如洗的兒時所形成的寶貴價值觀。他很清楚，預防後代子孫揮霍無度的第一步就是讓他們忘記父親是個富人的事實。洛克菲勒在他的兒女們長大成人之前，從未讓他們到過自己的辦公室和石油公司的大煉油廠。

而在家裡，洛克菲勒則搞了一套虛擬的市場經濟秩序，口稱他的妻子為「總經理」，每個月給每個孩子的零用錢是5美元，而且嚴格要求孩子們對自己的開銷和收入記帳。孩子們需要憑藉做家務來換取更多的零用錢，具體的家庭賺錢規則是：

打蒼蠅1隻，可得2美分；削鉛筆一支，10美分；練琴一小時，5美分；擦花瓶，1美元；一天不吃糖果，2美分，要是連著兩天不吃糖果，獎勵10美分；每拔出菜地裡的10棵雜草可掙1美分；唯一的男孩小約翰劈柴一小時的報酬是15美分；

保持院子裡的小路徑（通道）一整天乾淨整潔可得10美分。

十三、第二代的接班人小約翰

約翰·D·洛克菲勒的唯一繼承人小兒子小約翰·D·洛克菲勒很好地將他父親的教育方式繼承了下來，小約翰他一生共有六個孩子，其中最大的孩子是女兒，其餘的都是兒子。小約翰·D·洛克菲勒給孩子們定下的規定是：

每打死走廊裡的100隻蒼蠅可得10美分；每抓到閣樓裡的一隻老鼠可得5美分。他的三兒子勞倫斯和哥哥二兒子納爾遜分別在7歲和9歲的時候取得了擦全家皮鞋的「特權」，規定是每擦一雙皮鞋可得1美分，長筒靴每雙5美分。

並且小約翰·D·洛克菲勒也一直像他父親那樣定時檢查孩子們的帳簿，看看他們是否按期記錄了自己的收支，並檢查他們的開銷去處。

十四、洛克菲勒的後代仍在寫洛克菲勒的傳奇

老約翰·洛克菲勒曾經說過：「賺錢能力是仁慈的上帝賜予洛克菲勒家族的一

份珍貴禮物。」的確，洛克菲勒的家族成員正是這樣的作為，他們始終崇尚節儉並熱衷於追求創造財富！

一九三七年5月23日，高齡98歲的老約翰．D．洛克菲勒在他佛羅里達州奧爾德蒙海灘別墅裡與世長辭。他的子孫們繼承了他的偉業。

洛克菲勒家族成了美國十大超級富豪之一，也是當今美國知名度最高的家族之一。不過，對於洛克菲勒來說，賺錢雖是他一輩子不停在熱烈追求的執著之物，可是他雖然擁有那麼多財富，卻不把錢看得像「守財奴」那般吝嗇，他說賺錢是一種樂趣，也許他一生最滿意的身分，並非是一個擁有億萬資產的富翁，而是一個教子有方的父親。

2．洛克菲勒的家族依然在發光發熱

小約翰．D．洛克菲勒：生於一八七四年1月29日，逝世於一九六〇年5月11日。小約翰是老約翰．D．洛克菲勒唯一的繼承人，他是美國著名的慈善家、洛克菲勒家族的重要人物。為與他父親區別，通常稱為「小」約翰．D．洛克菲勒。

十五、新一代的掌門人小約翰

小約翰．D．洛克菲勒住在父親紐約曼哈頓西54街4號的公寓中，一八八九年到一八九三年間就讀於建在西55街一幢褐色砂石建築中的白朗寧學校，這所學校是專門為洛克菲勒家族中的孩子們所設立的。

在這所私家中學畢業後的小約翰．D．洛克菲勒最初被耶魯大學錄取，但是芝加哥大學校長威廉．R．哈珀先生和其他人一致鼓動他進有著浸禮會背景的布朗大學。大學期間，他攻讀了一系列的社會科學課程，其中包括馬克思的《資本論》。一八九七年，以文學士學位畢業。大學畢業後，於一八九七年10月1日，進入老約翰．洛克菲勒的標準石油公司。年邁體衰的老約翰．洛克菲勒之後就將公司完全交由兒子打理。

成為家族掌門人後的小約翰．洛克菲勒，不僅掌管了家族的石油生意，更加傳承了家族的慈善事業，甚至偏重於後者。據小約翰．洛克菲勒自己所述，他有時候

感覺到自己想要在石油經營和慈善事業兩種祖傳家業之間找到心理平衡是極為困難的，他說自己經常為此飽受精神失常的煎熬和折磨，感覺自己在做生意的時候，就好像是在跟自己的良心賽跑。他的小兒子大衛・洛克菲勒表示，父親從小所接受到的宗教思想常常使得他禁不住對自己在生意場上的行為產生懷疑。

小約翰・洛克菲勒在紐約建立起了洛克菲勒中心，設法挽救了美國西部山區的諸多古紅杉樹。現在回首審視小約翰・洛克菲勒的一生，其實，他大半生的時間都花在把洛克菲勒家族的財富奉送出去方面，而不是斂聚更多的金錢方面，他在將家族事業發揚光大的同時放棄了許多賺錢的機會。

十六、小約翰一生奉獻給洛克菲勒未竟之事

他的兒子大衛・洛克菲勒曾指出：「父親在不斷加大弘揚慈善事業的過程中獲得了極大的滿足，看到社會上的種種問題，他總是會盡力想辦法幫助解決。一旦問題解決了，他開心得像個孩子似的。」

小約翰・洛克菲勒對環境和歷史文物的保護情有獨鍾。正是在他的努力下，英

國在北美大陸建立殖民地時代所創建的威廉斯堡古城和法國的凡爾賽宮才得以完好無損地保存了下來。

倘若說老約翰・洛克菲勒當年獲得巨額財富的手段曾經遭到人們的質疑的話，那麼到了小約翰・洛克菲勒這一輩則是完全是以一種合乎道德的方式去獲得這些勝利的。小約翰・洛克菲勒總是念念不忘地強調一句話——「擁有巨額社會財富的人還應該具有強烈的社會責任感，有錢人就應該對社會負有一定的責任，做些造福全人類的事情。」

小約翰・洛克菲勒希望洛克菲勒家族能夠以「助人家族」或者是「慈善家族」的形象名垂青史，結果——他成功了。其實，洛克菲勒家族能夠擁有今天的名聲，小約翰・洛克菲勒絕對是功不可沒的。

小約翰・D・洛克菲勒的十個信條——

一、我堅信，每個個體生命都是有著至尊價值的，每個人都有追求自由和幸福的權利。

二、我堅信，睿智而博愛的上帝，無論賜給人類怎樣一個名稱，都會按他自己的意願讓每一個個體生命獲得一定的幸福、才能和成就。

三、我堅信，能夠令人高尚的是勞動，無論是體力勞動還是腦力勞動；這個世界並不負有讓人活下去的責任，但是它給予每個人謀生的機會。

四、我堅信，我們享有的每一項權利、又是一種責任，我們所擁有的每一份財產也都是一種責任。

五、我堅信，樂善好施是人類共同的義務，只有在無私奉獻的聖潔池塘中，才能夠將自私自利的欲火湮滅，也只有在這樣的聖潔中人類的心靈才得以高尚。

六、我堅信，謹遵諾言是神聖的行為，相信人們應該言而有信；品德是至尊價值的所在，而非財富和權位所能媲美。

七、我堅信，愛是世界上最神聖偉大的東西，只有它能夠幫助人類消滅掉內心的怨恨，帶我們走進幸福的天堂。

八、我堅信，良好財政機構所必需的最重要精神就是節儉，無論是在政府裡、商業上，還是個人理財上，無不依循這一原則。

九、我堅信，法律是為人民設立的，而非人被法律設置；政府是為人民服務的，而非讓人民為其服務。

十、我堅信，真理與正義是維護和諧社會的基本準則。

3．洛克菲勒富三代的傳奇

十七、洛克菲勒的子孫個個成材

老洛克菲勒的唯一兒子：小約翰．D．洛克菲勒一生共生育了6個兒女，其中最大的孩子是女兒以他妻子命名叫艾比，平常為了區分也叫她芭布斯．洛克菲勒，其餘5個兒子從大到小依次是大兒子約翰．洛克菲勒、二兒子納爾遜．洛克菲勒、三兒子勞倫斯．洛克菲勒、四兒子溫斯羅普．洛克菲勒和小兒子大衛．洛克菲勒。

十八、小約翰的大兒子約翰

小約翰．D．洛克菲勒的大兒子約翰和父親一樣，努力工作、勤勤懇懇，有著強烈的責任感，是家裡的大慈善家。但是，約翰．洛克菲勒總是情緒緊張，在交際場合下很靦腆、笨拙，有時甚至會為自己說過的一句話或者是頭腦裡突閃而過的一個念頭而痛苦良久。不過，靦腆的約翰也有他強悍的一面，在反對弟弟納爾遜企圖一手操控家族事務的時候，他曾發起過一場激烈的爭執，並在最終取得了勝利。

身為家族中的大慈善家，約翰把其畢生的精力都傾注到了解決社會問題上，對於生活失敗者，他有著一種天然的同情之感。越南戰爭時期，美國社會的動盪混亂局面給約翰以厭惡情緒，使其自然而然地認同反戰派的觀點，而且，他也對那個年代裡的那些留著長髮、嗜酒的青年們偏愛有加，儘管他們被說成是「非正統青年」。但他弟弟大衛．洛克菲勒大加讚揚約翰在慈善事業上的成績，稱讚大哥是「洛克菲勒家族成員足夠引以為豪的『功臣』。」

十九、小約翰的二兒子納爾遜

二兒子納爾遜．奧爾德里奇．洛克菲勒（全名）於一九〇八年7月8日出生於緬因州巴爾港，一九七九年1月26日逝世於紐約。納爾遜由於是出生在祖父老約翰．洛克菲勒生日那天的，所以他從小就受到老約翰．洛克菲勒的鍾愛，老約翰．洛克菲勒一直認為他能超越他的父親小約翰．洛克菲勒繼承洛克菲勒家族。

其實，納爾遜．洛克菲勒的性格更像母親艾比．奧爾德里奇家族的人，而不是洛克菲勒本家的家族性格。

納爾遜．洛克菲勒確實積極、勇敢、有自我意識，他勇於克服一切障礙，包括他患有的嚴重的閱讀障礙症。他雖繼承著巨額的財富，可是卻從未想過坐等成功來敲門，更沒有驕橫跋扈、揮霍無度的舉止。

他曾經成功創下了連任4次紐約州州長的驚人紀錄，成為自羅斯福、杜魯門和艾森豪．威爾以來最受矚目的一位政治家。

納爾遜・洛克菲勒於一九三〇畢業於達特茅斯學院（是一所私立大學，也是常春藤聯盟的成員之一），20世紀30年代任職於家族企業中，其中在一九三五年到一九四〇年間任職克利奧爾石油公司董事，在此期間，他熟練地掌握了西班牙語，同時也對拉丁美洲產生了濃厚的興趣。

一九四〇年他開始涉足政壇，踏入合眾國政府任職國務院美洲事務調停員。一九四四年升任助理國務卿主管美洲事務。一九五〇年任杜魯門政府國際開發諮詢委員會主席。一九五二年至一九五六年間擔任艾森豪威爾政府總統顧問委員會主席，以及衛生、教育和福利部副部長。40年代和50年代初他在羅斯福和杜魯門政府中擔任要職。一九五八年首次被選為紐約州州長。

一九五八年競選紐約州州長成功後的納爾遜・洛克菲勒將目光盯在了美國總統的寶座上，為了增加自己在國內的威望，他不惜發起一場開銷龐大的公關活動。他任職紐約州州長期間，使得紐約州的財政、文化、教育都大為改觀，州立大學制度得以迅速擴展，州政府的雇員增加一倍，預算增加三倍。

不過，在一九六八年的國內大選中，黨內提名意外輸給退出政壇已久的尼克森，他傷心地認為國內人民更喜歡自我奮鬥意識強烈的平民英雄，而不是像他這種含著金湯匙出生的富家子弟，哪怕是自己的能力比尼克森的強十倍，也無法抵消自己在人民心目中富家子弟的形象。

因此，他覺得是「洛克菲勒」這個姓氏害了他。尼克森當選總統後，儘管他與尼克森不和，但還是將自己的心腹季辛吉送進了白宮，希望能夠借此來影響美國的外交政策。最終利用「水門事件」報了一箭之仇，將尼克森趕出政壇。

一九七三年他辭去紐約州州長的職務，為「美國優選政策委員會」效力。

一九七四年12月當選為美國副總統，與傑拉德．福特總統合作，在一九七四年到一九七七年間，他在福特政府中擔任副總統，他的私人手下季辛吉當時是國務卿，他由此掌控了美國政府的實權，但是儘管他手裡握著政府的實權，但最終還是離他的總統夢咫尺天涯。

一九七六年他退出政壇回到紐約，從事企業管理、政治和藝術研究工作。一九七九年1月26日納爾遜心臟病突發，猝然辭世。

他的逝世引起了人們尤其是史學家的猜疑，儘管一般史書上關於他死因的記載都是「死於心臟病復發」，但是一些歷史學家們還是對其產生莫大的懷疑，尤其是美國著名史學家喬治·科恩一直懷疑納爾遜與其助手梅根·瑪莎可有染，因為納爾遜死時已經是晚上10點多了，而早就該下班的梅根·瑪莎卻還在現場……到底兩人之間是否有什麼事，則是外人不得而知的「懸案」了……

二十、小約翰的三兒子勞倫斯

勞倫斯·洛克菲勒是小約翰的第三個兒子，他於一九一〇年5月26日生於紐約，二〇〇四年7月11日壽終正寢，享年94歲。童年時期的勞倫斯幹過打雜工，直到後來他還稱呼自己是個擺弄小玩意的人，甚至親自動手製作了一輛牽引在一輛小摩托車後面的木製小托車，並經常騎著玩耍。他與年長他兩歲的哥哥納爾遜關係相當親密，彼此用各自喜歡的名字稱呼對方，比如勞倫斯稱呼哥哥納爾遜為迪克，而納爾遜則稱呼弟弟為比爾。小哥倆曾一起飼養小兔子，然後出售給科學實驗室換取零用錢。他們從小就有著和老約翰·洛克菲勒一樣的致富頭腦。

勞倫斯．洛克菲勒同老約翰．洛克菲勒一樣，也是一位擁有億萬資產的豪富，同時他還是天然資源的保護管理者以及美國「風險資本領域」的開拓者和領導人。勞倫斯在林肯中學度過了自己的中學時代，而林肯中學以其「實踐出真知」的教學理論而著名，勞倫斯正是在中學期間的實踐中使得自己在攝影、旅遊以及探險等方面的興趣得以受到鼓勵和發展。

大學時他先就讀於普林斯頓大學的哲學系。從普林斯頓大學畢業後，又進入哈佛法學院，研修兩年後，他意識到自己的志趣並不在成為一名優秀的律師上，於是毅然離開哈佛。離開大學後的勞倫斯長期以來一直糾結在一個問題上，那就是如何能夠找到最有效、最令人滿意的途徑將自己的巨額財富運用到自己生長的土地上。

在這個過程中，他規劃了自己迥異於大哥約翰．洛克菲勒和最年幼的小弟弟大衛．洛克菲勒的人生。大哥約翰．洛克菲勒一生致力於繼承和弘揚祖父和父親建立起的慈善事業，小弟弟大衛負責管理摩根大通銀行，一直專注於國際金融業以及政治事務。

勞倫斯和哥哥姐姐們，儘管都是出生於美國最富有的家庭，但他們還是一直都

保持著勤儉的美德，當然，這得益於他們從小所受到的家庭教育。

小約翰·洛克菲勒繼承了他父親教育後代的方法，並且也一直堅持像老約翰·洛克菲勒那樣定期翻閱五個孩子們的記帳簿。而作為浸禮會教友，洛克菲勒家族抵制跳舞和酗酒，因此在這個富貴的大家族裡，並沒有一般富人豪宅裡常見的奢華設施——舞廳和酒吧。

虔誠的宗教信仰，使得洛克菲勒家族在優越的生活條件中依然保持勤儉節約的美德。勞倫斯不像他的哥哥納爾遜那樣酷愛社交活動，也比他擔任過阿肯色州州長的四弟溫斯羅普顯得更加保守和私密化。

老約翰·洛克菲勒曾經說過，賺錢的能力是仁慈的上帝賜給洛克菲勒家族的一份珍貴禮物。勞倫斯·洛克菲勒從祖父那裡繼承了賺錢的天賦，他的名下擁有15億美元的資產，在《富比士》全球587位億萬富翁榜中排名第377位。

二十一、勞倫斯開先風氣創立了風險投資（創投）公司

一九三七年老約翰·D·洛克菲勒去世，勞倫斯繼承了祖父在紐約證券交易所

的職位，從華爾街踏上自己的創業征程，並最終開啟了美國風險投資這塊「新大陸」。在他創業之初，出乎人們意料的是，他並沒有收購更多的績優股，而是將資金投放到新成立的企業協助新企業創業。

一九三四年，他娶了哥哥納爾遜大學室友的妹妹瑪麗・法蘭克為妻。瑪麗・法蘭克是北太平洋鐵路公司總裁弗雷德・里克・比爾林斯的孫女。而他第一次的生意嘗試就是在這次結婚過程中發生的。在他和瑪麗裝修新家的時候，當他看到芬蘭設計師阿爾瓦・阿爾托設計的曲木（即利用多層薄木板膠合之後可利用熱壓彎曲成型的產品）家具照片時，直覺告訴他阿爾瓦・阿爾托設計的這些家具一定會成為現代居家的理想選擇，它一定能夠吸引更多尋求現代化設計並有支付能力的顧客。為此他不顧專家們的反對，在紐約53號大街上開了一家專門銷售芬蘭家具的門店。儘管許多人曾對生意前景表示懷疑，但結果卻是家具十分搶手，直到一九四〇年貨源因芬蘭冬季戰爭受到影響，生意才被迫中斷。

勞倫斯的第二樁生意則更具影響力。他結識了一戰期間在歐洲獲得過多次勝利的空軍上尉艾迪・瑞肯貝克，他不僅跟上尉學會了駕駛飛機，還發現艾迪上尉關於

即將興起的商業飛行的描述也獨具魅力，經過一番慎重考慮後，他於一九三八年投資東方航空公司，並在相當長一段時間裡一直是這家航空公司的最大股東。十年後，這家航空公司成為二戰後盈利最多的航空公司。

此外，勞倫斯在一九三九年投資的麥道航空（麥克唐納·道格拉斯）公司也成為軍用航空器的主要供應商家。第二次世界大戰期間，勞倫斯凍結了生意，參加海軍服役，軍階至少校。戰後重返商場，繼續尋找新創立的企業進行投資。

一九五九年《華爾街日報》的一篇文章上說：勞倫斯想堅守自己將近20年的投資經驗，仍然決心將自己的資產作為「風險資本」（依照保險業實際經營所承受之風險程度，計算而得知的資產總額）。投資新興企業的政策（簡稱「創投」）。其中風險資本加了引號，表明當時還是首次使用的新術語。

文章還特別指出勞倫斯在「風險資本」這一新領域所作的貢獻，從而確立了他「風險投資之父」的地位。還有報導說，二戰結束後，勞倫斯投資了大約875萬美元在20餘家新興企業，到了一九五八年末，這些投資的價值已經超過2800萬美元。

就在勞倫斯馬不停蹄地尋找新興企業進行風險投資的同時，洛克菲勒家族的其他成員則不時地參加一些特別的投資，一九六九年，他動員家族人員成立包括現代藝術博物館和洛克菲勒大學在內的一些機構合成的專門從事風險投資的 Venrock Associates（簡稱 VC，即創投公司）風險投資公司。

截至一九九六年，他們共投資了多達二百二十一家正處於起步階段的新興公司，這些公司在得到投資後都取得了令人矚目的良好業績。坐上紐約證券交易所席位後的數十年中，勞倫斯經常用他與生俱來的商業本能作出一個個重大決定。他不滿足於單純的賺更多錢，而是寄希望於能夠讓金錢生產出具有長遠意義的東西。

他數十年的經商經驗使得他深懂保持頭腦靈活、與時俱進的重大意義，他也因此極樂於接受新事物，引入新概念，推動創業投資基金，發展高科技，由最初的只專注於航空業逐漸步入其他新興行業，包括投資蘋果電腦和全美最大的晶片公司英特爾集團以及生物科技等。

儘管勞倫斯追求商業成功的激情永遠都是那樣激烈，但是，同時他也希望在做生意的過程中保護那些自然奇觀，每一次的親近大自然總是能夠喚起他內心極大的保護自然的激情。

一九三九年，他被任命為帕利賽德州際（Palisades Interstate）公園（在新澤西州與紐約州之間）委員會的委員；一九四二年，他首次捐贈土地建成了如今的紐約托曼山（Tallman Mountain）國家公園；一九四九年，他把父親在傑克遜山谷（Jackson Hole）積累下來的3萬英畝土地捐獻給了聯邦政府。他還用5年時間建造了三家大飯店，讓光臨大提頓峰（Grand Teton）國家公園的遊客們能享受更舒適的住宿環境。一九六〇年，他成為羅伯特・摩西（Robert Moses）公園紐約州協會的副主席。一九五八年至一九六二年期間，他被委任為美國戶外娛樂管理委員會主席，研究國家的娛樂休閒需求。

期間他提出了很多關於新公園設計和老公園擴展的建議，特別是在林登・詹森任總統期間。而勞倫斯之所以會在創建公園上作出重大貢獻跟他從小受到的家族影響有著莫大的淵源，在勞倫斯還未成年的時候，洛克菲勒家族就已經把創建公園包括在這個大家族的慈善項目中了。

一九一九年，約翰・洛克菲勒用他緬因州的土地建立了密西西比河東岸第一個國家公園，10年後，他又在西部的懷俄明州建立了規模更大的大堤頓國家公園。只是和洛克菲勒家族在教育、種族關係、宗教和科學領域更廣為人知的投入相比，建造公園這方面的投入似乎略顯遜色一些而已。

勞倫斯從小便清楚地意識到，他這一代的人所經營的慈善事業，需要比祖父和父親他們的折中方案更具專業性。

他在一九六六年接受《紐約時報》採訪時曾說：「他（祖父老約翰．洛克菲勒）發球了，現在輪到其他人讓這個球動起來。我們不僅要用腦，更要用心，不僅要理解這些慈善項目，更要深刻地感受到個人的責任。」

二○○四年7月11日，坐擁萬貫家財、叱吒美國風雲的勞倫斯．洛克菲勒在睡夢中與世長辭了，享年94歲。據他的發言人透露，洛克菲勒死於肺部纖維化症。發言人還透露，洛克菲勒在逝世前幾個月裡身體狀況每況愈下，但他還是堅持到位於洛克菲勒中心的辦公室裡工作，曾經還和公司職員開玩笑說自己越來越會偷懶了，每天只幹半天活。

雖然，這位洛克菲勒家族的第三代傳人，儘管含著金湯匙落地，卻一生勤勤懇懇地奔波家族事業，在他有生之年不僅開闢了「風險投資」的「新大陸」，而且還

為美國的環保及慈善事業作出了不朽的貢獻。

小約翰・D・洛克菲勒現在唯一健在的小兒子大衛・洛克菲勒在對他的三哥做出評價的時候說：「我很敬佩哥哥在生意場上所表現出來的非凡才能，在風險資本領域我總是跟著他做事。他在這一領域的確是真正的先鋒。」

二十二、小約翰的第四個兒子溫斯羅普

溫斯羅普・洛克菲勒，洛克菲勒家族中熱衷於商界政治家角色的人物，是美國金融界出類拔萃的代言人。

在一九二九年股票市場崩潰初期不久，權益信託公司的總裁意外猝死。於是，小約翰・洛克菲勒建議兒子溫斯羅普臨時接替總裁職務。溫斯羅普勉強接受了這個職位，但僅僅堅持在職一年。

溫斯羅普當上權益信託公司的總裁之後，希望找到一個良好的金融合作夥伴為國內力量提供支援。結果，他就找到了全美當時最強大的國內銀行之一大通銀行這個夥伴。

一九三〇年初，他洽談兼併大通銀行事宜成功，創建了當時全球最大的一家銀行——摩根大通銀行。小約翰．洛克菲勒全力支持兒子的兼併之舉，並被允許委派兩名代表連同職員共計25人進入新銀行的董事會。儘管小約翰．洛克菲勒在這次兼併事宜中股權減少了大約4％，但他仍舊是聯合銀行最大的股東。兼併之後，溫斯羅普擔任總裁。華爾街和美國金融界都很尊重溫斯羅普，而大通銀行這艘大船在他掌舵的20年裡也日益興旺發達起來。可是，溫斯羅普從未接受過專業的銀行家培訓課程，也很少參與或介入銀行的日常運營。

二十三、小約翰的小兒子大衛

大衛．洛克菲勒是小約翰的最小兒子，一九一五年6月12日出生於紐約市，儘管當時的家境條件已經相當優越，但是，小約翰．洛克菲勒為了從小培養孩子們瞭解金錢的價值，故意將孩子們處於經濟壓力之下。大衛和姐姐、哥哥們每週僅有30美分的零用錢，而且每人還必須得記錄自己的每一筆收支，經由父親檢查後，使用合理的孩子會得到獎勵。姐弟們的零用錢會隨著年齡的增長而加多——十一、二歲

的時候，每周能夠得到1美元；15歲的時候，每週可得到2美元左右。

零用錢很有限，如果想多用怎麼辦？辦法只有一個，那就是自己去掙。大衛和所有的姐姐、哥哥們一樣，從小就知道從做家務中賺取零用錢。而且大衛還想到了永久的生錢方法，設法取得了為全家人擦皮鞋的特許權。然而，為此他也必須得付出一定的艱辛，他必須每天在清晨六點之前爬出被窩，以便在全家人起床之前完成工作，擦一雙皮鞋1美分，一雙長筒靴5美分。

大衛的童年時代並沒有享受過任何超級富豪的生活，他穿著和雇工一樣的普通衣服，生活既簡單樸素又緊張快樂。他大學時有一位富家子弟的同學，總是大手大腳地揮霍家資，對方的家人也盡一切可能去滿足他的要求，只要這位大少爺想要的東西還沒等他張口說要，家人便給他準備好了。

同學們都很羡慕這個富家子弟，但是，大衛卻說那個同學是他見過的最不幸的人，他結過三次婚，換過無數次工作，可是他永遠也發揮不出自己的真實潛能。在他的身上大衛還得出了一條人生啟迪：自強自立是做人做事的根基。大衛從小接受的也正是自強自立的教育。

身為美國第一大家族的第三代掌門人，大衛·洛克菲勒有著其他人所沒有的機遇，他曾任大通曼哈頓銀行的董事長、兼首席執行官。他可以接觸到全球最有影響力的經濟學家，也可以接觸到最有權勢的家族，甚至是影響整個歐美政局的政治家、每一屆美國總統，他也參與過許多改變世界格局的重要訪問。

冷戰期間，他造訪過前蘇聯，同前蘇聯兩屆總統赫魯雪夫和戈巴契夫都有過正面交流。他也是中美關係開始解凍後首批造訪大陸的資本家，同時也是改革開放之前同大陸密切接觸，並成功開展商務活動的國際金融家。

經受過諾貝爾經濟學得主哈耶克和創新之父約瑟夫·熊彼得兩位經濟學老師的教導，並且同美國著名的經濟學家保羅·薩繆森是同班同學的大衛·洛克菲勒對經濟學以及企業營業和政府財政都有著深刻的見地，這些深刻的見地廣泛地影響了美國經濟的走向和政府政策的制定。

他還給企業家重新定義了身份，他覺得「企業家身份自身就代表著一種投機，一是用於滿足人們發明創新、追求權力以及賭博的本性……實際上，對於某些人來說，追求成就過程的本身就是一個目標，在他們的眼裡，利潤僅僅是值得付出努力

的副產品。」——也許用這句話來解釋他在使用和創造財富過程中的行動，是更為合理的解釋吧！

前面提過，成年後的大衛．洛克菲勒當上了曼哈頓銀行（即大通銀行）的執行長，負責監管銀行國際業務。同時，他也對家族的慈善事業和藝術事業有著濃厚的興趣。他還掌管著家族一處遺產，這筆遺產至今仍與美國人的生活息息相關。

在將自家企業經營得穩穩當當之餘，大衛．洛克菲勒還做了許多祖父輩們不曾嘗試過的事情。例如，他寫過一本講述他在美國實力最雄厚家族中的個人生活的名叫《論文集》的著作，以及一本囊括家族史的傳記——《回憶錄》，他想用這部傳記影響後輩子孫。同他父親一樣，大衛無論是在自己的著作中，還是在現實生活中，總是會念念不忘地強調整個家族從祖父老約翰．D．洛克菲勒那裡留下來的觀點——巨大的財富也是巨大的社會責任。

每當有人寫信或者是當面向他請求施以資金援助的時候，他總是會按照祖父老約翰．D．洛克菲勒以及父親小約翰．D．洛克菲勒的作法去執行。倘若沒有家族事業的重擔，大衛應該會成為一名優秀的文學家或史學家的吧！

二十四、洛克菲勒的傳奇，還在創造歷史……

從約翰．D．洛克菲勒成為美國歷史上的第一位億萬富翁到現在已經經歷了一個多世紀的洛克菲勒家族，仍在續寫著輝煌的歷史，他們沒有整天躲在房間裡計畫如何守住自己的財富，也沒有琢磨著如何不讓金錢落入別人的口袋，而是積極地參與文化、衛生與慈善事業，懷著一顆顆博愛的心將他們腰包裡的大量資金用來設立各種基金，投資大學、醫院、大型的公眾設施，讓整個社會分享他們的財富。

在今天的美國，要完全躲避這個家族的影響幾乎是不可能的，毫不誇張地說，洛克菲勒家族在過去一百八十年的發展史就是整個美國歷史的一個精準的縮影，並且已經成為美國國家精神的典範——傑出的代表人物！

第二章

輸贏未定，你別急著當輸家

工業革命五百年之間，不僅改變了地理地貌，也重塑了整個社會結構。財富爆發，白手起家的富豪成群出現；大眾崛起，高手從民間層不出窮；商業發達，橫縱連橫中英雄輩出。

一種貪婪又磅礴的精神力量在改寫著世界歷史，見賢思齊，我們看到卓越的品質活在具體的人身上，問題的解法藏在真實的人生中。

一、只要沉著應戰，你未必就是這局的輸家

商業世界裡，巨星甚多……比如，互開嘲諷技能的貝佐斯和馬斯克，多年相親相競爭的比爾．蓋茲和賈伯斯等。

自古商場如戰場，企業家如名將，其中最耀眼的一顆星，是標準石油公司創始人，約翰．D．洛克菲勒——全世界第一個億萬富翁。

在世人眼中，洛克菲勒是一個拿到爛牌，卻打出奇蹟式勝局的人。

家境貧寒，從創業之初就撞上了美國內戰，年紀輕輕趕上了全球第一次經濟危機，處境比我們今天還要艱難一些。

但面對時代的難題，不同的人有不同的解決方法。

他16歲做記帳員，19歲借錢開公司，23歲合夥開煉油廠，39歲壟斷全美80%的煉油工業和90%的油管生意。58歲退休，專心慈善。72歲，個人財富達到10億美元，但隨後，標準石油公司因壟斷被美國最高法院拆散。98歲在家中過世。

有的人，一輩子打出一次王牌就是人生贏家，洛克菲勒打出了一串王牌，建起自己龐大的商業帝國。

同時，作為地球上第一個億萬富豪，洛克菲勒卻又是一個沉默又神秘地過著他簡樸私生活的日子。

他本身信奉沉默的力量，刻意訓練自己擁有一種政治家般的鎮靜。他認為：只有內心虛偽的人才會隨口亂講，對著記者喋喋不休，而謹慎的商人則守口如瓶。他最喜歡的兩則箴言是：「成功來自多聽少說」以及「只說不做的人，就像長滿荒草的花園。」

作為一個寒門子弟，他認為：一個人千萬不能廉價地出賣自己。

作為一個石油帝國的締造者，他在58歲退休，他反思，生命的價值並不在於時

間的長短，而在於怎樣利用這段時間；一個人可以活得很久，卻從生命中一無所獲。享受自己創造的人，才能成為快樂的人。

作為一個超級富豪，他有生之年捐出5.3億美元做慈善，投資建造了芝加哥大學和洛克菲勒大學，他認為，「無知是世界上大部分貧困和大量犯罪的根源——因此我們需要更多、更好的教育。」

他的生平思維，散見於他對兒子小約翰．洛克菲勒的家書中，這使得他的家書，也成為全球商業讀物中百年不衰的經典！

二、極度渴望成功，就必須付出非凡努力

回看洛克菲勒身處的時代，那時美國還是一個二流國家，南北戰爭時，國家動盪；同時還是有史以來第一次全球性經濟危機爆發，更是人心不安。

大環境裡充滿危險與壓力，有人亂世求生，有人火中取粟。

（1）極度渴望

很多人問他：「洛克菲勒先生，是什麼讓你走向了財富的頂峰？」

和洛克菲勒同時代的鋼鐵大王卡內基也有這個疑問，所以他建議一個年輕人去研究一下，美國這些富豪名流們的成功背後有沒有什麼共同的規律。

這個年輕人名叫拿破崙．希爾，他花了25年時間，訪問了當時500多名商界和政界名流，最終發現那些人崛起的第一個秘密——擁有比別人強烈得多的欲望。

這個欲望強烈到——如果不能實現，會讓他們倍感痛苦，痛苦驅使他們一定要去行動，否則坐立難安。

洛克菲勒也是這樣，他從不懷疑自己會成為美國首富。

在他19歲和安德魯斯合辦石油公司之初，每晚臨睡前都會告訴自己：「我要成為克利夫蘭最大的煉油商。」

他還經常告誡自己：「你的前程就在於這一天天過去的日子，你人生的終點將是全美首富，你目前距離那裡還很遠很遠，你要繼續地為自己努力。」

命運是由自己掌控的，強烈欲望的作用在於——促使你把自己的力量發揮到極致，逼著你奉獻出一切，從而排除千難萬險，全速前進。

而極度渴望成功的想法，則意味著，必須把自己逼到極致，必須千方百計地去

追求目標，這時，沒有任何力量可以阻止你成功。

——事實也是如此。

有這樣的人生信念，他能夠統治整個石油行業，也不足為奇了。

（2）雄心勃勃，但絕不張揚

但洛克菲勒並沒有一個所謂的高起點。

他16歲應聘記帳員，跑遍當地所有公司，有的公司跑了三、四次，也沒有絲毫的進展。

他19歲時和父親借錢開公司，用了10％的高利息借了一千美元。

更讓他難忘的一件事是，在公司發展過程中，由於缺乏資金，他的合夥人邀請一個富人加盟。沒想到，這個富人加盟後要改公司名字，將原本的「克拉克－洛克菲勒公司」變更為「克拉克．加德納公司」，將洛克菲勒的姓氏抹去。

這深深刺痛了洛克菲勒，他認為自己遭受不公，並且自尊受到傷害。

但他還是理性地權衡了一下，如果他對合夥人大發雷霆，不僅會有失體面，更重要的是，會給他們的合作製造裂痕，甚至導致自己被踢出團隊；而團結則能夠形成一股合力，讓事業慢慢做大，他自己的力量和利益也會越來越大。最後他認識到，這個富人的加入，可以給他帶來確實利益。

在知道自己的目的是什麼之後，他仍然包含熱情地去工作，到了第三年，他成功將那個極盡奢靡的合夥人加德納請出公司，讓克拉克．洛克菲勒的牌子重新樹立起來。

而從那個時候開始，大家開始尊稱他為「洛克菲勒先生」。

儘管雄心勃勃，洛克菲勒卻顯得更加忍耐和勤奮，他認為忍耐不等於卑躬屈膝，而是一種暫時的策略，一種對自己的磨煉，能夠孕育出我們的好勝之心。反之，不管在什麼時候，衝動都是魔鬼。

而勤奮則可以塑造人品質。勤奮不僅會鑄就堅強的性格，還會促使我們千方百計的尋找解決問題的辦法。

他認為：「很多事情都是來得快去得快，那些一夜成名，一夜暴富的人，很多在極短的時間當中就消失匿跡了。勤奮所得到的，是將你的事業建立在堅實的基礎上，而不是沙灘上。」

洛克菲勒告訴自己的兒子：「你應該暗地裡雄心勃勃，隨時睜大眼睛四處瞄瞄有沒有合適的空缺，伺機而發。事實上，原動力和奉獻是帶來成功和喜悅的最好『進攻』策略。」

（3）在工作中活出生命的意義

儘管一心想要成為美國首富，洛克菲勒明白，成功首先是一個過程，而不是一個結果。這個過程由工作來連接。

企業家的勳章，是由實實在在的資料組成的，所有野心和努力，都要落實在每一天的工作中。

熱愛工作，是洛克菲勒的信念。

他認為，自己一生中最偉大的重要日子，是他找到第一份工作的那一天，他將那天命名為「重生日」，覺得那一天甚至比他的生日更有意義。

令他這麼激動的工作內容是什麼？

在每天天剛亮的時候，來到公司昏暗的煤油燈下，處理所有收入與支出資料，日復一日。

那份工作從來沒有令他感到枯燥乏味，反而令他格外地著迷和喜悅。

那麼，他從中學會了什麼？

首先，他給自己的人生攢下第一桶金，一共八百美元，可以讓他在日後為自己公司籌湊一些資金，給自己打工。

第二，給他樹立了信心，作為一個記帳員，他認識到，就算沒有內部關係和推薦，從最底層幹起，他也可以一點點獲得成功。

第三，教會他一些受用終身的技能——讀懂分類帳本的資料，憑藉資料做出決策的能力，將複雜多樣的系統簡化為一個通用的標準，然後去衡量各項業務。

很多有錢人對工作都有自己的認識。

比爾．蓋茲曾說，賣漢堡並不會有損於你的尊嚴。你的祖父母對賣漢堡有不同的見解，他們稱之為「機遇」。

賈伯斯也說過，成為墳墓裡最有錢的人，對我來說毫無意義。對我而言，是晚上睡前我可以告訴自己：我今天做了一件了不起的事！

日本經營之聖稻盛和夫認為——工作不僅在於追求業績，更在於完善人心。

而洛克菲勒認為，工作是一個發現自我的機會，我們通過勞動所獲得的報酬，並不是我們所獲取的利益，而是我們最終因此成為什麼樣的人。

我們必須通過工作，來實現自己。

所以，成功計畫書的內容只有四個字：努力工作。

三、一個人不是在計畫成功，就是在計畫失敗

洛克菲勒從不去相信什麼運氣，他更相信準備、計畫以及那些積極的思想，才能夠真正帶領人們走向成功。

他一生的心得是：人被創造出來之後，只有兩個目的，成功或失敗。

所以，他對小約翰說：一個人不是在計畫成功，就是在計畫失敗。

他是怎樣計畫自己人生的呢？

（1）應聘的過程

在第一次找工作的時候，他給自己設定的目標是：那就是一定要到一流的公司當中去，一定要成為一個一流的職員。

因為只有一流的公司才能給人一流的歷練，塑造出一流的工作能力和一流的見識，同時積累到一筆可觀的薪水，成為未來事業的基石。

於是，他決心想要去那些高知名度的企業應聘。

他先去了一家銀行，被拒絕；又去了一家鐵路公司，仍被拒絕；每天早上八點，他盡最大努力把自己打扮一下，然後離開住所開始新一輪預約面試，一連幾個星期，將自己名單當中的公司跑了一圈，仍然沒有收穫。

這時他告誡自己：如果你不想別人偷走你的夢想，就一定要在被挫折擊倒之後馬上站起來。

他沒有功夫感到沮喪，而是毅然決然地從頭開始，一家一家地去跑，甚至有些公司跑了兩三次。

在他的堅持下，一八五五年9月26日，洛克菲勒被休伊特·塔特爾公司雇用。

直到93歲的時候，洛克菲勒仍然能清晰地記得那一天，因為這一天似乎決定了他未來的一切。

（2）打工的生涯

洛克菲勒在休伊特·塔特爾公司工作了三年，帶著八百美元的積蓄離開。

回顧這段時間，他認為，那些愚蠢的工作，可能在百般辛苦當中，仍然沒有收穫，但是，如果你將幫老闆努力工作，當成自己未來進步的階梯，那麼無疑就是創造財富的開始。

（3）冒險的意義

如果說哪場冒險最能關於洛克菲勒的未來，那無疑是他決心投身於石油行業的那一刻。

此前，他從事的是農產品代銷，而且做得有聲有色，如果一直做下去，他也能夠成為大商人。

而那個時候，很多人將石油當做曇花一現的產物，覺得難以持久。可是，洛克菲勒確信石油不會消失，所以他決定堵上一切進軍石油行業。

想要獲勝，就一定要知道冒險的價值，而且必須要有創造運氣的遠見。

在他21歲的時候，他的冒險得到回報，他已經擁有了克利夫蘭最大的煉油廠，躋身世界最大煉油商的行列。

洛克菲勒從來不缺冒險的決心，因為他知道，安全並不能讓他賺取大量的錢，而想要成功，就一定要學會承受隨之而來的風險，而人生又何嘗不是如此？

他認為：不管是想要贏得財富還是贏得人生，優秀的人在競技場上，首先想到的——不是我輸了會怎麼樣，而是我該如何去取得勝利？

想冒險且不想失敗的技巧只有：大膽籌畫，小心實施。

（4）競爭的心態

競爭無處不在，在商業領域，競爭更加激烈，而想要贏得競爭，從一開始就要想盡辦法去佔據大量的優勢。

洛克菲勒交給自己兒子三個方法去贏得優勢——

第一，從一開始就下定決心，關注每個競爭者和競爭者的資源。了解我們想要達成目標需要哪些資源，它在哪裡，數量有多少。

第二，要研究和檢討對方的狀況，然後利用這些知識，形成自己的優勢。了解對手的優點、缺點、做事風格以及性格特點等，總是能夠讓我們在競爭當

中佔據到優勢，當然，同時我們也要知道自己是誰，當別人不將你當作對手的時候，也就是你給未來競爭賺取更多資本的時候。

第三，必須擁有正確的心態。

在一開始，就一定要下定決心，去追求最後的勝利。

每個新旅程的開始，最為重要的就是要保持追求最終勝利的決心。獲得知識、保持控制力、評價競爭的狀況，正是幫助你建立信心，從而協助自己達成勝利。

而大多數人之所以會失敗，並不是因為他們犯錯了，而是因為他們沒有投入全部的身心，企業也是如此。

（5）合作的目標

想要贏得競爭，還有一個關鍵方法——那就是與人合作。但更重要的是，在商業領域，合作並不是基於什麼友誼，合作的目的不是要去撈取到感情，而是利益。

洛克菲勒十分重視合作的效果，在他人生中的每個重要轉捩點，合作都給予他很大幫助，他說：

「自從我踏上社會那天開始，我就知道，不管在任何時候，任何地方，都存在著競爭的關係，誰都不能孤軍奮戰，除非他想自尋死路。

「聰明的人能夠和別人甚至是自己的競爭對手形成合作關係，借用別人的力量讓自己存在下去或強大起來。

「競爭是生命的本質，它能夠激動人心，但是當競爭演變成為衝突的時候，往往就具備了毀滅性和破壞性，這個時候合作就可以化解它們。」

（6）管人的智慧

管理的本質是善用每個人的智慧。

洛克菲勒發現：最能創造價值的人，是那些能夠徹底投身自己喜歡領域的人。這是非常好理解的一件事，每個人都會忠於自己的天性，想要成為自己渴望成為的那種人。

如果一個人不能將時間投入到自己喜愛的事情上，就一定不能感到自我滿足。如果一個人得不到滿足的話，就會失去對工作的熱情；一旦他失去對工作的熱情，也將會失去最初的動力。

指望一個沒有動力的人去出色地完成工作任務，是非常可笑的。

所以，管理者在用人上只有具備「看人長處、容人短處」的寬宏心態，才能激發調動一切人的積極性。

同時，一個優秀的管理者首先應該學會感人。

感人就是以自己的氣質、思想、形象和行為來感染、感動、感召他人；感人是一種影響力，並通過這種影響力來改變對方的思想和行為，使他人為完成共同的目標作出努力。一個人不能主宰一個集體，任何榮譽都是依靠集體的力量，只有一個集體中的所有人都付出努力，才能誕生奇蹟。

（7）管事的本能

除了管人，還要管事。

管事的第一點是充分授權。

通過對管理者對工作的全盤了解，洛克菲勒發現，公司裡主管80%的工作都是可以授權的。

一個好的管理者只需做事關公司生死存亡的20%的工作即可，具體包括：企業戰略決策、重要目標下達、人事的獎懲權、發展和培養部屬等。

其他可以授權的80%的工作主要有：日常事務性工作、具體業務性工作、專業技術性工作、可以代表其身份出席的工作、一般客戶接待等。

因此，作為一個管理者在授權時，必須對自己的職位職責有一個明確劃分，按照責任大小把工作分類，除了20%最重要的部分，其他的都可以授權。

無論授權到何種程度，有一種東西是無法下放的，那就是責任。如果管理者把責任都下放的話，那只能說他是退位，而不是放權。授權只能意味著責任的加大，不僅對自己，更要對部下的工作績效負全部的責任。

所以，管理工作，是為最優秀的人才提供最合適的機遇、最有效的資源配置而已。「管理得少」就是「管理得好」，或者反過來說也一樣：「管理得好」就是「管理得少」——這是一種管理的境界。

管事的第二點是永遠做策略性思考。

授權之後，管理者自己的工作重心是什麼？去做策略性思考。

很多人覺得洛克菲勒似乎擁有超凡的能力總是可以不可思議的解決問題，但對於他自己老說，答案其實是：克制住自己尋找簡單、單向解決問題方案的衝動，勇

於去嘗試更多能達成目標的可行性方法。

正因如此，在2年內，他以摧枯拉朽之勢，吞併了克利夫蘭的20多家煉油廠，又在8年內，將標準石油公司的煉油能力從全美的4％提升到95％，控制了美國幾條大的鐵路幹線，並壟斷全國80％的煉油工業和90％的油管生意。

他一手發明了一種高度壟斷的組織形態——托拉斯。甚至令這個社會感到十分恐怖與不安。

他永遠在尋求一種超乎想像的解決問題的方法，看似不可思議，但是因為他抑制住了自己引用簡單方法的衝動。

（8）成功的秘訣

當洛克菲勒可以站在財富的巔峰，看著新一代年輕人開始奮鬥，聽到很多人向他詢問成功的秘訣。

他回顧自己的奮鬥，認為所謂的成功，並不是以人的身高、體重、學歷或者是他的家庭環境來衡量的，而是由他們思想的大小來決定。

這是他一生奮鬥的真正肺腑之言：「我們思想的高低決定了我們未來的成就，

其中最為重要的一點，就是我們一定要對自己充滿信心，千萬不要自貶，不要廉價地出售自己。因為你們遠比自己想得還要偉大，所以你們一定不能看輕自己。」

他認為：起點不決定終點，能力、性格、態度、抱負、經驗、手段、運氣等因素決定終點。而家族的歷史與榮耀，並不能成為子孫後代依舊成功的證明。世上沒有世襲窮或者世襲富的說法，只有「我奮鬥，我成功」的真理。

所以，成功的秘訣就是——人的命運由自己的思想和行動決定，只有真正能夠享受自己創造的人，才是成功的人。

四、永遠不要看輕自己

39歲，洛克菲勒已經壟斷石油行業，而在此後很多年，他被很多媒體視為「邪惡的商人」、為達目的不擇手段的壟斷資本家。

他構建的龐大托拉斯組織，成為令整個社會忐忑不安的龐然大物。

20世紀初，經過數年艱苦的官司，美國所有高級律師都被捲入其中，最終，標準石油公司美國最高法強制拆散。

這時，老洛克菲勒已經退休20年，律師給他打電話的時候非常擔心他會堅持不住，但是洛克菲勒輕鬆地回答：「就這樣嗎，好了，我要睡覺了。」

他年輕的時候，不能忍受任何一點錢財從自己手中流走，而到了晚年，他平靜面對自己的帝國被解體，又活了20年，在自己的別墅中去世。

——這是一個典型的西方現代人格。

五、財富只是對付出努力的嘉獎

年輕時，他總是不滿足，任何具體的目標，只要實現就會消散；任何快樂，只要到手就成了過眼雲煙。

強烈的欲望激發出強大的生命力，促使他摧枯拉朽，橫掃美國。

他建立了龐大的帝國，但也被金錢折磨得焦慮難安。他反應過來，一個守財奴，將永遠不會快樂，因為貪財的人，不能承受任何損失。

更重要的是，錢可以買到食物，但買不到好胃口；可以買到藥品，卻買不到健康；可以買到相識，卻買不到好朋友；可以買到享樂，卻買不到幸福安寧。

到了晚年，他放開了手中緊握的金錢，這種放開不僅無損於他首富的地位，而且在這種放手中，他倖存了下來，98歲，安詳去世。

到最後，他要的是領略一切，不虛此生。

有人說，能成功的人，要麼踩到了風口，要麼起點特別高。

洛克菲勒則認為：「如果把我剝得一文不名，丟在沙漠中央，只要一行駝隊經過——我就可以重建整個王朝。」

當我們想問：什麼樣的心智才能轉為危機？什麼樣的戰略才能突圍逆襲？什麼樣的管理才能抵禦風險？

我們看到，卓越的品格活在具體的人身上，所有的答案都藏在真實的人生中。

這些貪婪又澎湃的商業冒險故事總是能給我們很多啟示，而更有意義的是：那些看似鴻運當頭的人，其實不是靠運氣，而是靠勤奮、計畫以及積極的思想。無論環境如何，你都是自己最大的資本，永遠不要看輕自己而廉價地出賣自己。

第三章

巴菲特與比爾·蓋茲，都視為偶像的大人物

1．洛克菲勒出身平凡，卻創造非凡

比爾．蓋茲曾公開表示，他心中的賺錢英雄只有一個名字，那就是洛克菲勒。關於洛克菲勒的傳奇故事，相信很多人都有所耳聞。

他被譽為最會賺錢的人，正如那句話：

誰控制了石油，就控制了所有的國家；誰控制了貨幣，就控制了整個世界。

然而，洛克菲勒就是這樣的人。同時他的一生，就是白手起家的典範。

一、洛克菲勒從小就具有商業頭腦

一八三九年，洛克菲勒出生於美國的一個貧窮人家的家庭。父親靠著四處賣假藥，母親憑藉打零工，還有鄰居的救濟，一家人勉強度日。正是因為小時候家境貧寒，受盡了排擠，所以洛克菲勒立志要當富有的人，變成一個有錢人。

受父母的影響，洛克菲勒養成了堅強和聰明市儈的兩種相反的性格。

俗話說：「三歲定終生」，那年六歲的洛克菲勒，就顯露出不可小看的商業頭腦。他以支付佣金的方式幫助媽媽做家務，轉眼到了12歲，他又將攢了多年的50元美金借給鄰居，還按照天數來收取利息。

如此與生俱來的經商頭腦，確實讓人不得不佩服。

11歲的時候，父親因為涉嫌強暴黑人女傭被起訴（事實上是他和黑人女傭南西搞上了，並且生下兩個小孩，因此患了重婚罪而長期不敢回家），為了躲避刑法，父親開始玩起了「搞失蹤」的遊戲。

沒有辦法，身為長子的他，不得不肩負起養家的重擔。

於是，他開始每天拿著帳本，記載著自己的收入和支出，也因此養成他一生都會記帳的好習慣——這是後話。

後來，父親回來了，就送他去學習記帳，可能是天賦使然，沒有幾年的時間，洛克菲勒就把財務管理學得透透的。

19歲的時候，他就和朋友一起開辦了公司，主要經營農產品的代理業務。

沒曾想，正好趕上美國南北戰爭爆發，物資直接變成戰爭獲勝的決定因素，戰爭伴隨的永遠是物資短缺。

這對洛克菲勒來講，直接變成了「坐收漁翁之利」。

於是，他開始大量囤積物資，糧食、棉花、煤等等大量物資，為了囤積這些東西，他搭上了所有的積蓄。

在那個時候，普通人週薪只有40～50美元的時候，僅僅四年的時間，他已經賺到了10萬美元。

不要小看了這10萬美元，南北戰爭剛開始的時候——即，一八六一年的美國僅僅只有3個百萬富翁。

實際上，洛克菲勒的這10萬美元比我們現在的千萬富翁都要有錢得多。

二、用人生第一桶金，投入石油行業

正是因為這10萬美元的啟動資金，洛克菲勒開始有了大展拳腳的資本了。

他開始涉足石油生意，一個「石油帝國」的雛形自此形成。

洛克菲勒精準的商業眼光，是他取得成功的關鍵。

在後面的很長一段時間裡，不少商人們都爭著開採原油作為賺錢來源。

聰明的洛克菲勒通過惡性競爭的市場發現，持續不斷的原油開採，已經進入一個飽和狀態，而煉油業所賺的錢反而更多。

結果正如他所料，在他進入煉油業不久，原油開採就因為過度飽和，而產生了過度的惡性削價競爭，油價不斷持續降價。

這個時候的洛克菲勒，他將自己的全部積蓄投入煉油廠，準備進行原油生產加工。剛開始的時候也遇到了很多困難，關於煤油的負面新聞很多，不少生產廠家注重產量不注重質量，有安全隱患。

洛克菲勒明白，這是一個商機：他需要生產比任何工廠都安全的煤油。

在他的領導下，一個標準化石油公司出現了。

或許他自己都想像不到，憑藉這個賺錢方式，他10萬的目標一下子變成了高達一億美元，一舉成為了人類歷史上的第一個億萬富翁。

三、靠自己的能力賺錢

在洛克菲勒化身為億萬富豪之後，他家庭中仍是一副普通人的扮相。

他不想孩子們過早知道自己出身豪門，不勞而獲。

因此，他下達一個重要指令，18歲之前，家族子女不允許進入自己的公司。

孩子們所有的零用錢，必須靠自己的雙手勞動去獲得，例如掃地和除草分別多少錢，其中包括教父母彈鋼琴都是按照小時來計費。

洛克菲勒這種金錢觀的正面培養，讓他的孩子們從小就明白，掙錢需要靠自己的雙手，每一份財富都得來不易。

洛克菲勒對待自己唯一的兒子相當嚴厲，而當他想要跟兒子說真心話時，他會通過書信的方式告訴兒子。

這樣長達數年的交流方式，直到兒子小約翰．洛克菲勒成年，才得知自己的父親是億萬富豪。不過，他也沒有表現出驚訝，就如同這些錢和他一點關係也沒有。

俗話說得好：富不過三代。

然而，洛克菲勒家族到今天已經富到了第七代。

於是，有人說，洛克菲勒為了打破「富不過三代」的傳言，他給兒子小約翰在幾年之間留下了38封信。

這些信的內容到現在，甚至成為了很多有錢人教育自己子女的「尚方寶劍」。

實際上，成功後的洛克菲勒沒有自大自滿，他反而更加勤勉。

每天他都是6點來到公司，開始處理公司瑣事。

因為在他眼裡：很多事情來得快去得也快，那些一夜成名，一夜暴富的人，不少在極短的時間中又消失不見蹤跡了。

勤奮努力所得到的，會將你的事業建立在堅實的基礎上，而不是沙灘上。

洛克菲勒家族的傳奇，直到現在依然被人津津樂道，不少商業巨頭、企業奇才都曾受到他的影響。

「股神」巴菲特也曾經說過這樣一段話——

從來沒有一個人能夠像洛克菲勒那樣，對我的投資人產生如此大的影響，我坦誠我的投資哲學，是建立在洛克菲勒的睿智之上的。

2．你應該花時間讓自己富裕起來

洛克菲勒曾說過：「每個人都應該花時間讓自己富裕起來。」這句話，如同一盞明燈，照亮了無數追夢人前行的道路。它告訴我們，真正的富裕，不僅僅是銀行帳戶上的數字增長，更是心靈的豐盈、能力的提升與自我價值的實現。

一、覺醒認知：時間是最寶貴的資產

大多數人都有時間不夠用的困惑，時間管理成為他們主要面臨的問題之一。

英國著名博物學家赫胥黎曾說：時間最不偏私，給任何人都是二十四小時；時間也最偏私，給任何人都不是二十四小時。擅於管理時間的人，從來不會覺得時間不夠用，他們能將24小時無限延長，不懂得合理安排時間的人，即使知道時間可貴，在行動上卻逡巡不前。

因此，有人將人們對時間的態度，分為以下幾類——

第一類人——他們面對時間是茫然的，雖然有大把空閒的時間，卻不知道應該幹什麼。

第二類人——他們面對時間是焦慮的，似乎一輩子都在和時間賽跑，永遠有做不完的事情，一點空隙都不留給自己，往往覺得精疲力盡。

第三類人——他們面對時間是無助的，儘管知道時間有限，但永遠不付出行動，只能眼睜睜看著時間流逝，機會喪失。

第四類人——他們面對時間十分隨意，沒有規劃，想做什麼就做什麼，但似乎做不好一件事。

第五類人——他們對待時間持有鄭重的態度，不敷衍、不遲疑、不搖擺，聚焦於當下事情，有條不紊地完成每一項工作。

我們大多數人都渴望成為第五類人，但反而常常活成前面四類。那到底為什麼呢？那是因為我們不懂得時間管理。

那，什麼是時間管理？

普通人只會想如何度過時間；而有才能的人都只想如何利用時間。

通俗的講，時間管理的本質即目標管理：管理者通過事先規劃和運用一定的技巧、方法，實現對時間的靈活以及有效運用，從而實現個人或阻止的既定目標。會時間管理的人往往都很容易走向成功。

比如洛克菲勒、比爾・蓋茲等世界名人，他們對時間管理運用的爐火純青，所以他們的時間價值遠遠超出了24小時，他們靠著對時間的敏銳感知和高效利用，不斷學習和積累，越來越成功。

所以我們要學會規劃時間，將有限的時間投入到最有價值的事情上，比如學習新知識、提升自我能力、建立人際關係等，逐步積累能量，實現自我價值的提升。

二、行動的力量：時間是最有效的回饋

俗語說，不積硅步，無以致千里；不積小流，無以成江海。雖然認知的覺醒是起點，但真正的富裕之路還需依靠持續行動的力量。

洛克菲勒認為，一個人如果僅僅有遠大的夢想和深刻的認知還是遠遠不夠的，

只有付諸實踐，才能將夢想變為現實。他的一生，就是一部不斷將想法轉化為行動，再通過行動創造財富的壯麗史詩。

他常常告誡他的孩子：不要害怕失敗，因為最大的失敗是不敢嘗試。

一如他的職業生涯，每一次的決策和投資都伴隨著風險，而他總是以敏銳的洞察力和果斷的行動力，抓住每一個稍縱即逝的機遇，從不退縮，所以才能不斷推動自己的事業向前發展。

洛克菲勒認為，成功並非一蹴而就，而是長時間的積累和努力得來的，所以持續性的努力是非常重要的，只有擁有足夠的耐心和毅力，以及面對困難時不會輕易放棄的決心，才能走向成功。

行動不僅能讓我們將想法變為現實，更能在實踐中不斷學習和成長。每一次的嘗試和失敗都是寶貴的經驗，只要長期堅持，它們就會讓我們更加成熟和堅韌，為我們成功和致富鋪好基石，享受時間的饋贈。

三、投資的智慧：時間是最好的成長方式

洛克菲勒認為投資自己是最智慧的財富增值方式。他堅信，一個人的價值取決於其能力和素質的高低，而能力和素質的提升則需要不斷地學習和投資。

曾經有人這樣問過洛克菲勒：「是什麼讓你走上了財富巔峯？」

很多人都想知道洛克菲勒成功的原因，但洛克菲勒卻從來都沒有說過，在給兒子的信中他首次講述了自己的致富之道以及處事原則——提升自己，是每個人必須經歷的過程。

洛克菲勒一生都在不斷地學習和提升自己的能力。他閱讀了大量的商業書籍和經典著作，積累了豐富的知識和經驗；他積極參與社交活動，與各行各業的人士建立聯繫，拓寬了自己的視野和人脈；他還注重培養自己的領導力和創新思維，不斷推動自己的事業向前發展。

世界著名的投資大師沃倫·巴菲特，同樣非常重視自我投資。他每天都會花費大量時間閱讀財經資訊、研究公司報表和學習投資理論。此外，他還注重與優秀的投資者交流思想、分享經驗，從而不斷提升自己的投資能力和判斷力。正是這種對自我投資的堅持和執著，讓巴菲特成為了全球最富有的人之一。

洛克菲勒和巴菲特用他們自己的人生經歷告訴我們，想要獲得成功，必須注重自我投資，只有你越來越強大，才能越來越接近成功。

洛克菲勒的智慧告訴我們，貧窮並非命中註定，它可以通過不懈的努力與智慧的選擇來改變的。每個人都應該花時間讓自己富裕起來。這不僅僅是一種物質上的追求，更是一種精神上的富足和自我價值的實現。

3．財富是對認知的補償，而不是對勤奮的獎賞！

約翰．D．洛克菲勒（一八三九年7月8日——一九三七年5月23日），美國實業家，慈善家，標準石油的創始人，是十九世紀第一個億萬富翁，被人稱為「石油大王」。

二〇〇九年7月，《富比士》網站公佈過「美國史上15大富豪」排行榜，這位

已經過世七十年的約翰·洛克菲勒依然名列榜首。

一、世界上的好東西都是搶來的，只有弱者才等分配。

老實人的悲劇在於等，工作時等提拔、戀愛時等緣分、奮鬥時等機會。等一切準備好了，一切也就沒有了。

俄國現實主義作家屠格涅夫說：

「如果我們總是等待絕對的一切就緒，那我們將永遠無法開始。」

想起了工作時，全公司就我一個人一年寫兩次加工資申請，因為我一直覺得，提不提要求是自己的事，答不答應是老闆的事。

而大多數人都害怕主動爭取，他們的結局大都是白了少年頭，空悲切。機會永遠都是搶來的，美女也是要追才會有的，不提要求的員工永遠也不會得到加工資。

二、不要羨慕別人比你成熟，因為他遇到的壞人比你多。

有人說：讓人成長的不是年齡，而是經歷。有的人，雖然已經50多歲了，但依然幼稚得一場糊塗，而有的人30歲就已經成熟穩重，掌控全局。

什麼是成熟？我理解的成熟是：心藏萬丈海，目無世俗光，藏於心，行於事，待時而動。春風得意時，布好局；方能四面楚歌時，有退路。

沒經歷過饑餓的人，不會懂得囤食物；沒經歷過欺騙的人，不會懂得人心險惡、社會殘酷；沒經歷傷害的人，永遠不會有防備心。

遇見壞人，不是你的不幸，而是在提醒你：你該成長了。

三、整天工作的人是發不了財的，財富是對認知的補償，而不是對勤奮的獎賞。

人們對財富最大的誤解就是勤勞致富，而事實上是，致富需要勤勞，而勤勞不一定能致富。

很多人認為工作即使掙不著多少錢，但是也能積累經驗啊，積累人脈啊。但是20年前的經驗到如今大概率會變得一文不值。

美國投資大亨沃倫·巴菲特說：

「如果你在錯誤的道路上，奔跑也沒有用。」

而且往往你跑得越快，錯得越離譜，在你無法判斷方向的時候，是你最應該停下來的時候，而不是像個無頭蒼蠅一樣，到處亂飛。

很顯然，能正確的做出選擇才是最重要的，而正確的選擇依賴於正確的認知。財富是在正確的認知指導下創造的價值，它是對認知的補償。

四、往上爬的時候要對別人好一點，因為你走下坡的時候會碰到他們。

古語有云：做人留一線，日後好相見，古人誠不欺我。春風得意時，不要太狂，才能四面楚歌時，不會太慘。

每個人的一生都有波峰，也會有波谷。總會有一段時間一帆風順，也會有一段時間慘遭打擊。

沒有人能一生毫無波瀾，更何況毫無波瀾的人生一定很無聊吧，所以上帝會儘量避免這種無聊。

所以，當你一帆風順的時候，盡自己能力幫助別人，等你遭到打擊的時候，他們就會成為你的助力。

五、人生就是不斷抵押的過程——為了前途我們抵押青春，為了幸福我們抵押生命。因為如果你不敢逼近底線，你就輸了。

人生是不斷抵押的過程，而我們唯一的資本就是時間，有的人拿來換金錢、有的人拿來換知識、也有的人拿來換愛情。

所謂不同的人生，只不過是換取的東西不一樣罷了。有的人換了大量的金錢，結果失去了家人；也有的人換了一場愛情，結果陷入了困境。

所謂智者，不過是懂得把有限的時間以合適的比例去換取自己想要的東西罷了。而大多數人都根據自己的欲望去兌換，結果成了欲望的囚徒。

4．越混越差的人身上有三個特質

生活在底層的人，往往都是沒錢、沒人脈、沒背景，出外努力打拼工作，但人的一生大起大落，並不意味著所有人和事都越混越好，很可能我們會越混越差。

那麼到底什麼人會越混越差，而他能否避免呢？

越混越差並不是空穴來風，在我閱讀了洛克菲勒的書籍找到了答案，他在書中提到過，那些越混越差的人身上往往有三個特質，若能早點發現並能改掉能早日翻身逆襲。

一、完成事情之後就鬆懈下來

普通人的我們，通常有個習慣，就是每當完成一件事情，或達到目標，便會懈怠下來。去喝口水，聊下天，或者抽根煙，在重新回來繼續做事，這種鬆懈會讓我們逐漸失去專注能力，失去競爭力，耗費大量的時間來重新投入，會越來越差勁。

洛克菲勒在剛進入石油行業的時候，那時的石油市場已經人滿為患，競爭對手們都停滯不前，而他不斷的分析，挖掘商機，探索新的方法和機會。

正是他堅持不懈地追求卓越，最終成立了標準石油，壟斷了全美90%的石油市場，成為了石油業的巨頭。

舉個例子，在工作中一直很賣力，努力爭取晉升。終於有一天，他得到了升職的好消息，以為十拿九穩，於是他便鬆懈下來，開始抽時間摸魚，變得不怎麼上進了。結果，競爭的同事，乘虛而入，做好工作和同事方面的人情世故，迅速超過了他，取得了本來是屬於他的職位，而他卻已被遠遠甩在身後了。

二、得過且過的心態

許多人在工作中只是我行我素地完成任務，沒有追求卓越的決心。他們總覺得「反正我會完成它！」可想而知，這種心態只會讓他們不求長進老是得過且過……

洛克菲勒有一個朋友，他在工作中一直沒能全力以赴，只追求能交差了事。結果，他在公司裡就逐漸失去了發展機會，同事們也漸漸將他拋在了身後。可見，不追求第一，在快速發展的競爭社會，成功只會讓我們漸行漸遠。

三、不合群、不與人打交道

工作中很多人都不喜歡與人打交道，甚至可以用「社交焦慮症」來形容，在團隊合作總是有意與同事及他人保持距離，不願意與他人交流合作。

這樣一來，他們錯失了很多可以互相幫助和培養同儕情感的機會，只能越來越被孤立，甚至脫離團隊。

洛克菲勒親自經歷過類似情況，在他創業期間，他發現自己在一支合作緊密的團隊中進步神速，而那些不合群的同事卻越來越落後。

這告訴我們，若想得到進步發展，我們需要主動融入團隊，學會與他人合作。

現實問題就是，許多人在生活中存在這三種特質，導致他們越混越差。

那麼，如何改掉這些特質呢？

一、我們要保持持續的進步心態——不要因為目標的完成而鬆懈下來，要時刻保持對自己的要求，並為自己設定新的目標。只有這樣，我們才能不斷提升自己，避免越來越差。

二、保持追求卓越的心態，不滿足於平庸——在自己專業領域都要追求第一，努力成為最好的那一個。只有這樣，我們才能在競爭中脫穎而出，不被淘汰。

三、更要學會合作與融入團隊。團隊合作是現代社會中不可或缺的一部分，只有與他人合作，我們才能發揮個人更大的優勢，取得團隊更好的成果。

5．窮人翻身不是沒可能，只要學會借用三種東西

沒錢、沒人脈，想要變得富有？很多人覺得這只是個天大的玩笑嗎？如果你也是抱著這樣人云亦云的想法，而給自己設定了限制，那你永遠都無法實現財富的積累。

一個人的思維決定了他的行動，行動決定了他的格局，而有多大的格局就會決定了他有多大的財富高度。

在這社會上，並不是所有人都生來富有，即便是窮人，也可以成為世界頂級的富豪。想要變富，關鍵在於你自己，即使你身無分文，沒有人脈，仍然可以從零開

始，創造屬於自己的財富。

試問：白手起家難嗎？

答案是：非常困難。

但當我們閱讀了石油大王洛克菲勒的一生經歷時，即可找到了答案。

洛克菲勒他提到過一種突破慣性思維的方法，當你焦慮因為沒有錢和人脈而無法改變命運時，學會借助三樣東西，早晚會翻身。

洛克菲勒告訴年輕人說：「不要為你現在擁有的資源而焦慮，而要利用你所擁有的資源來創造財富。」

一、懂得借錢

沒錯，借錢是指借一大把花花綠綠的鈔票。

那為什麼要借錢呢？為了解決沒有錢沒有人脈的困境。

借來的錢並不是用來奢侈消費，吃喝玩樂，這些都沒有任何升值的空間。只要條件能滿足基本需求就可以了。而是為了讓錢生錢，為自己帶來最大的利益。

那麼，如何讓錢生錢呢？

首先，很多人可能會想去做生意，但這只是其中一種方式，前提是你必須懂得如何經營生意，否則你只是在浪費錢。

第二種方式是投資，但不是盲目地把錢投入基金和股票。而是投資自己，提升自身的社會價值。例如，學習專業技能，爭取高薪工作，擴展高層級的人脈關係。

借錢有很多好處，它能督促你，監督你，讓你竭盡全力避免虧損，取得成功。而且及時還款會增加你的信譽度。

洛克菲勒：「一塊錢的買賣，遠比不上一百塊錢的買賣賺得多。」

這意味著，借錢投資有時會帶來更大的回報。

洛克菲勒成年後想要涉足商界，便向父親借錢，即使需要支付10%的利息，他也答應了。然而，他非常順利地創辦了自己的公司，取得了巨大的成功。卻沒想到，有一次工廠突然起火，需要資金周轉，許多人擔心他無法償還，不願意借錢給他。然而，他有一個長期合作夥伴得知此事後，幫助洛克菲勒籌集到了資金，共同度過了困境，走向了成功。這是因為洛克菲勒一直以來都保持誠實守信，有借有

還，深受他人的信任。

無論是在職場還是生活中，當你面臨資金瓶頸時，借錢並不是壞事。關鍵是要明智地運用借來的資金，尋找合適的投資機會，提升自身能力，樹立良好的信譽。這樣，你就能在商海中取得成功，獲得更大的財富回報。

二、懂得借人

俗話說得好：「三個臭皮匠，勝過一個諸葛亮。」

想要在事業上取得成就，僅靠自己是非常困難的，你需要懂得借人之力。

無論你再厲害，你的知識、技能和時間都是有限的。在某些領域，你需要懂得借助他人的力量，這樣才能幫你節省時間和精力。

就拿洛克菲勒來說，當他看到煉油業的機會時，渴望將其擴大增強之際，偏偏他並沒有掌握煉油技術，而且是一竅不通的門外漢。這時，發明家安德魯斯因為掌握了精湛的煉油技術，於是洛克菲勒就邀請他來一起合作。儘管安德魯斯提出要以技術股分式改變洛克菲勒公司的名稱，並將其加上自己的名字，洛克菲勒聽了也毫不猶豫地接受了。正是因為這次合作，洛克菲勒這個「門外漢」後來竟壟斷了美國90%的石油市場，成為了當今無人能敵的首富——石油大王。

很多人在借人之前會擔心對方的人品是否可靠。其實，你無需過分擔心這些，你只需要明確自己的目標，明確你需要哪種人才，這個人是否能夠滿足你的需求，幫助你一同實現目標。你要成為一個棋局中的下棋者，而不是棋子。否則，就是顛倒了身份和角色。

在職場或生活中，當你面臨問題時，不要害怕借助他人的力量。

洛克菲勒：「我在這個世界上最寶貴的事情之一，就是與聰明人合作。」

懂得借人的智慧，找到適合的合作夥伴，你將能夠更加高效地實現自己的目標，創造出更大的成功。

三、懂得借因果

洛克菲勒在經營一段石油業時，遇到了一位強大的競爭對手：班森先生。

當時，洛克菲勒的石油帝國已經非常龐大，從採油、煉油、運輸到市場，整個

產業鏈已經被他掌控得絲絲入扣，形成了壟斷。然而，班森先生突然間出現了，他聲稱要建一條獨立的輸油管道，以擺脫洛克菲勒的控制。儘管洛克菲勒努力勸阻，但依然無濟於事。甚至有股東建議動用武力解決……然而，洛克菲勒明白武力不能贏得人心，無法獲得大眾的支持。

經過深思熟慮，洛克菲勒從儲油罐生產商入手，大量向他們下訂單，目的是限制他們與其他公司的合作，包括班森先生輸油管道的建設。他從源頭上切斷了班森的業務，導致班森的採油商沒有輸送管道和儲油罐，原油只能無奈地流進泥土中，讓班森不得不佩服洛克菲勒的手段。

正所謂：「有因必有果。」

如何改變結果呢？關鍵在於順著因果線索，找到起因並加以影響，採取策略以實現我們的目標，從而獲得相應的結果。這就是懂得借因果的智慧。

另外，你想要翻身致富，是為了賺錢、還是成就事業？

這是一個值得深思的問題，也關乎你的思維和心態。

有些人想要翻身致富是因為他們過得太艱難了，渴望過上好日子。有些人想要賺錢是為了滿足虛榮心，縱情購物。而有些人則希望通過致富來實現某種事業的成功。這些不同的動機所帶來的賺錢方式是不同的。

然而，成功的富豪們都是偉大的企業家，他們更注重事業的成就，自然而然地賺取了豐厚的財富。那麼，你努力致富的原因是什麼呢？

6．能翻身致富的人從來都不是靠天意

在社會打拼，很多人都抱著僥倖心理。

工作上，只要有份工作努力幹就行，上天不會虧待努力的人，相信運氣，總不會差，一定能升職加薪？投資上，只要我懂得買入賣出，隨便挑幾個有名氣的公司買入，一定會有回報？

……然而，現實並非如此。

一個人的成功並不靠天意，天意太過於虛無縹緲，從古至今都沒有人靠天意發家致富這一說法，然而靠什麼？

只要你讀了洛克菲勒的書籍，就會發現答案，那些能翻身致富的普通人，並不是依靠天意，而是通過四種途徑來實現逆襲的戰果！

一、人脈關係

所謂：人脈就是財脈！

民間有句古話，在家靠父母，在外就靠朋友。

可見在現實生活中，「人脈決定命運」的說法。這句話並非空穴來風。

與人建立良好的關係網，擴大社交圈子，可以為我們帶來更多的機會和資源。

洛克菲勒人稱石油大王，壟斷了全美90％的鐵律，打破了富不過三代的鐵律，這麼一位大富豪，並不是出生於貴族，商家，而是出生在一個非常落魄的家庭，連飯都吃不起，讀書都要鄰里幫忙，在生活中受盡各種委屈及屈辱，深受金錢的重要性，便早早當家，小學就學他父親做起了生意，一直到成年，不斷的學習經商管理，及積累商業人脈，與他人建立聯繫，在創業過程中，每次都能遇到難題，都能得到商界朋友的相助。

突破困境獲得了更多的商機和支持，最終實現了自己的財富夢想。

洛克菲勒在書中提到並不是什麼人都能交際，有兩種人一定要遠離。

（1）安於現狀的人，他們習慣了現狀，對改變持消極態度。

（2）喜歡放棄的人，他們在面對困難時選擇了退縮。

這兩種人對你來說有害而無利，非常消極，一定要遠離。

二、心態素質

能翻身逆襲的人往往具備積極樂觀的穩定心態。

就算遇到困難，他們都不會表露給他人看，因為這是在給自己的形象大打折扣，他們相信遇到問題，只有正面面對解決，戰勝困難，充滿自信和堅持。

有一回，洛克菲勒，急需一萬五千美金，但沒人能借給他，他心焦如焚。然而，就在那個緊要關頭，一位銀行家找到了他，問是否需要借五萬塊錢。內心的激動讓洛克菲勒幾乎要跳起來，但他淡定地說：「能給我24小時考慮嗎？」

最後，洛克菲勒以最優惠的條件和那位銀行家簽下了借款合約。

這個故事告訴我們，心態的控制非常重要。

遇到事情不要慌，先用冷靜的情緒對待，才能更清晰的解決問題，否則你越急，就越亂，越亂就越慢。

試想一下，如果洛克菲勒無法控制心態，性格衝動，一副猴急樣、立刻接受了那五萬元貸款，他就得不到後面提到的那些優厚的條件了。

三、愛惜錢財

在洛克菲勒看來，正確的金錢觀念是實現財富逆襲的關鍵。

他主張妥當管理財務，明智投資，避免盲目消費。

一個人無論在有錢，如不愛財惜財總是大手大腳，隨便亂花，沒有規劃，遲早會有敗光的一天。一個人就算在沒錢，懂得愛財惜財，遲早會走向富有。

就像洛克菲勒一直堅持穩健的理財原則，不貪圖眼前的小利，而是以長遠的眼光來規劃自己的財務，在教育後代也如此，雖然很有錢但他對待自己的孩子，從不揮金如土，而是在家裡通過勞動及工作換取收入，讓他們明白，天上不會掉餡餅，想得到東西，你得學會靠自己雙手去努力爭取。

——付出越多、回報就會越高。

四、貪心的動力

是不是覺得有點矛盾，人一貪心就不好，對吧？

洛克菲勒這裡的貪心，並不是鼓勵我們無休止地貪婪追求財富。他強調的是貪心的正確理解。

貪心並非指對金錢的貪欲，而是對於想做成某件事，達到某個目標的成就和進步的渴望。因為能翻身逆襲的普通人，都是在永無止境的去追求更高的目標，永不滿足於當前的成績，這種追求才是真正的貪心。

現實中存在一些問題，阻礙著我們實現逆襲致富。但我們可以通過改變自己來解決這些問題——

一、先注重培養良好的交際能力，主動拓展人脈關係。

二、保持積極樂觀的心態，堅持不懈地追求自己的夢想。

三、同時，我們也要建立正確的金錢觀念，理性管理財務。

四、要有正確的貪心，追求更高的目標和成就。

以上，這四個途徑可以幫助我們實現財富的逆襲。讓我們摒棄僥倖心理，努力改變自己，追求成功和財富。

雖說在傳統觀念中「貪心」往往是負面的字眼，但經由洛克菲勒以其一生自身的奮鬥經驗；「貪心」反而是正向的、積極的，是個了不起的「人生標竿」！

第四章

洛克菲勒
窺見上帝秘密的人

即使把我身上的衣服剝得精光，一個子兒也不剩，然後把我扔在撒哈拉沙漠的中心地帶，只要有兩個條件——給我一點時間，並讓一支商隊從我身邊路過，要不了多久，我就會成為一個新的億萬富翁。

——約翰・D・洛克菲勒

洛克菲勒不僅是一位成功的商人，更是一位充滿智慧、教子有方的父親。洛克菲勒去世後，他留下的巨額財富和事業由子孫們繼承下去。直到今天，綿延了六代的洛克菲勒家族，依然是世界上最富有的家族之一，對美國的經濟和政治都有著巨大的影響。

一個人的思維，決定了他的人生會處在什麼階層。一代巨富洛克菲勒他還造就了美國歷史上一個獨特的時代，被譽為「窺見上帝秘密的人」。

《洛克菲勒寫給兒子的38封信》是其一生的思想精華，包含了一位父親對孩子們那濃濃大愛以及殷切的希望。而這本書其實透露了他如何走向成功又如何創造財富的秘密……這部作品完整地記錄了洛克菲勒一生中如何創業、如何經營之道以及待人處世的人生智慧，向我們展示了一位商業鉅子是如何從無到有創造財富，又是如何抓住每一份錢來賺取更多財富的——

向優秀的人學習，你將是個優秀的人；

向成功的人學習，你將成為成功的人。

比爾·蓋茲曾把洛克菲勒當作是自己一生中唯一的偶像，他說——「我心目中的賺錢偶像，只有一個名字，那就是——洛克菲勒。」

以下是《洛克菲勒寫給兒子的38封信》的節錄本，以及各界名人的推薦——

這些信件實在太珍貴了，這可是洛克菲勒家族的至寶。當我閱讀了一頁之後，便無法釋手，內容寫的都是經商的真諦。恍然間，我似乎明白了洛克菲勒家族強大、富有的秘密了。

——艾倫·葛林斯潘（美聯儲前主席）

洛克菲勒的創業精神永遠是激勵我們前進的偉大動力，我的許多設想，包括在我的慈善基金裡，都有洛克菲勒的影子。

——比爾．蓋茲（微軟公司創辦人）

洛克菲勒給他兒子的信札對我來說意義非凡。我現在在管理上遇到的難題，沒想到他在一個世紀以前就已經輕鬆化解了。

——傑克．威爾許（通用集團史上最年輕的總裁兼執行長）

從來沒有一個人能像洛克菲勒那樣，對我的投資人產生如此之大的影響，我坦誠地說，我的投資哲學是建立在洛克菲勒的睿智之上的。

——沃倫．巴菲特（股神——全球著名投資人）

第1封信

起點並不會決定終點

- 命運由我們的行動決定，而不是由我們的出身決定。
- 享有特權而無力量的人是廢物，受過教育而無影響力的人，是一文不值的垃圾。
- 命運給予我們的不是失望之酒，而是機會之杯。

在這個世界上，永遠沒有出貧窮或富裕，就能決定人生的成功與失敗，有的只是「我奮鬥、我成功」的真理。

我堅信：我們的命運由我們的行動決定，而不是由我們的出身來決定。

富家子弟開始承擔了優勢，卻很少有機會去學習和發展生存所需要的技巧。而出身低微的人因迫切需要解救自身，便會積極發揮創意和能力，且珍視和搶佔各種機會。我還觀察到，富家子弟缺乏貧窮人的那種要拯救自己的野心，他們做的僅僅是祈禱上帝賜予他們的成就。

一個真正快樂的人，是能夠享受他的創造的人。那些像海綿一樣，只取不予的人，只會失去快樂。

我相信沒有不渴望過上快樂或是高貴生活的人，但真正懂得高貴、快樂生活，從何而來的人卻不多。

在我看來，高貴快樂的生活，不是來自高貴的血統，也不是來自高貴的生活方式，而是來自高貴的品格——自立精神。看看那些贏得世人尊重、處處施展魅力的高貴的人，我們就知道自立的可貴。

你需要強化這樣的信念：起點可能影響結果，但不會決定結果。

能力、態度、性格、抱負、手段、經驗和運氣之類的因素，在人生和商業世界裡扮演著極為重要的角色。

你的人生剛剛開始，但一場人生之戰就在你面前。我能深切地感覺到你想成為這場戰役的勝利者，但你要知道，每個人都有追求勝利的意志，只有決心做好準備的人才會贏得勝利。

第2封信

運氣靠自己策劃

· 每個人都是他自己命運的設計者和建築師。
· 我不靠天賜的運氣活著，但我靠策劃運氣來發達。
· 等待運氣的時候，要知道如何引導運氣；設計運氣，就是設計你的人生。

在凡夫俗子眼裡，運氣好像永遠是與生俱來的，只要發現有人在職務上得升遷、在商海中勢如破竹，或在某一領域取得成功，他們就會很隨便、甚至用不屑口吻說：「這個人的運氣真好，簡直是天生的幸運兒！」這種人永遠不能窺見一個讓自己賴以成功的偉大真理——每個人都是他自己命運的設計師和建築師。

我承認，就像人不能沒有金錢一樣，人不能沒有運氣。但是，要想有所作為就不能等待運氣光顧。我的信念是：「我不靠天賜的運氣活著，但我靠策劃運氣發達。」我相信好的計畫會左右運氣，甚至在任何情況下，都能成功地影響運氣。我在石油界實施的「把競爭改變為合作的計畫」恰恰驗證了這一點。

世界上什麼事都可以發生，就是不會發生不勞而獲的事，那些隨波逐流、墨守成規的人，我不屑一顧。他們的大腦被錯誤的思想所盤踞，以為能全身而退，就值得沾沾自喜。

約翰，要想讓我們的好運連連，我們必須要精心策劃運氣，而策劃運氣，需要好的計畫，好的計畫一定是好的設計，好的設計一定能夠發揮作用。你需要知道，在構思好的設計時，要首先考慮兩個基本的先決條件——

第一、是知道自己的目標，譬如你要做什麼，甚至你要成為什麼樣的人；

第二、是知道自己擁有什麼資源，譬如地位、金錢、人際關係乃至能力。

第3封信
天堂與地獄比鄰

· 我們勞苦的最高報酬，不在於我們所獲得的，而在於我們會因此成為什麼。

· 如果你視工作為一種樂趣，人生就是天堂；如果你視工作為一種義務，人生就是地獄。

我認為，工作是一項特權，它帶來比維持生活更多的事物。工作是所有生意的基礎，所有繁榮的來源，也是天才的塑造者。工作使年輕人奮發有為，比他的父母做得更多，不管他們多麼有錢。工作以最卑微的儲蓄表示出來，並奠定幸福的基礎。工作是增添生命味道的食鹽。但人們必須先愛它，工作才能給予最大的恩惠、獲致最大的結果。

熱愛工作是一種信念。懷著這個信念，我們能把絕望的大山，鑿成一塊希望的磐石。一位偉大的畫家說得好，「痛苦終將過去，但是美麗永存」。

同樣都是石匠，同樣在雕塑石像，如果你問他們：「你在這做什麼？」他們之中的一個人可能就會哀聲嘆氣地說：「你看到了嘛，我正在鑿石頭，鑿完這塊我就可以回家了。」——這種人永遠視工作為懲罰，在他嘴裡最常吐出的一個字就是「累」。

另一個人可能會說：「你看到了嘛，我正在做雕像。這是一份很辛苦的工作，但是酬勞很高。畢竟我有太太和四個孩子，他們需要溫飽。」——這種人永遠視工作為負擔，在他嘴裡經常吐出來的一句話就是「養家糊口」。

第三個人可能會放下錘子，驕傲地指著石雕說：「你看到了嘛，我正在做一件美麗的藝術品。」——這種人永遠會以工作為榮，以工作為樂，在他嘴裡最常吐出的一句話應該是「這個工作很有意義」。

天堂與地獄都是由自己建造的——

如果你賦予工作意義，那麼不論工作大小，你都會感到快樂，自我設定的成績不論高低，都會使人對工作產生樂趣。如果你不喜歡做的話，任何簡單的事都會變得困難、無趣，當你叫喊著這個工作很累人時，即使你不賣力氣，你也會感到精疲力竭，反之就大不相同。事情就是這樣。

第4封信

想做的事，馬上去做

- 機會就是靠機會得來的。
- 壞習慣能擺佈我們，左右成敗。它很容易養成，但卻很難伺候。
- 成功的將一個好主意、毫不遲疑地付諸實現；

它比在家空想出一千個好主意要有價值得多。

我一直相信，機會就是靠機會得來的。再好的構想都還會有缺失，即使是很普通的計畫，但如果確實執行並且繼續發展，都會比半途而廢的好計畫要好得多，因為前者會貫徹始終，後者卻前功盡棄。

所以，我喜歡說，成功沒有秘訣，要在人生中取得正面結果，有過人的聰明智慧、特別的才藝當然好，沒有也無可厚非，只要你肯積極行動、馬上行動，你就會

越來越接近成功了。

缺乏行動的人，都有一個壞習慣：

他們喜歡維持現狀，並且拒絕改變。我認為這是一種深具欺騙和自我毀滅效果的壞習慣，因為一切都在變化之中，正如人會生死一樣，沒有不變的事物。但因內心的恐懼——對未知的恐懼，很多人抗拒改變，哪怕現狀多麼不令他滿意，他都不敢向前跨出一步。看看那些本該事業有成，卻一事無成的人，你就知道情他們根本就不值得別人同情。

我們追求完美，但是人類的事情並沒有一件是絕對完美的，只有接近完美。等到所有條件都完美以後才去做，只能永遠等下去，並將機會拱手讓給他人。那些要等到所有事情都已經準備妥當才出發的人，將永遠也離不開家。

要想變成「我現在就去做」的那種人，就是停止一切白日夢，時時想到現在，從現在就開始做為出發點！

很多人都相信心想事成，但我卻將其視為「謊言」。好主意一毛錢能買一打，最初的想法只是一連串列動的起步，接下來需要第二階段的準備、計畫和第三階段的行動。在我們這個世界上從來不缺少有想法有主意的人，但懂得成功的將一個好主意毫不遲疑地付諸實現，比在家空想出一千個好主意要有價值得多的人卻很少。

孩子，人生就是一場偉大的戰役——

為了勝利，你需要行動、再行動、永遠行動……

第5封信 要有競爭的決心

‧我從來沒有想到輸，即使是輸了，也應該光明磊落的輸！

‧拐杖不能取代強健有力的雙腳，我們要靠自己的雙腳站起來。

一個優秀的指揮官，不會攻打與他無關的碉堡，而是要全力摧毀那個足以攻陷全城的碉堡。

約翰，每一場至關重要的競爭都是一場決定命運的大戰，「後退就是投降！後退就將淪為奴隸！」

戰爭既已不可避免，那就讓它來吧！而在這個世界上，競爭一刻都不會停止，我們也便沒有休息的時候。我們所能做的，就是帶上鋼鐵般的決心，走向紛至遝來的各種挑戰和競爭，而且要情緒高昂並樂在其中，否則，就不會產生好的結果。

要想在競爭中獲勝，較為關鍵的是你要保持警覺，當你不斷地看到對手想削弱你的時候，那就是競爭的開始。這時你需要知道自己擁有什麼，也需要知道友善、溫情能會害了你，而後就是動用所有的資源的技巧，去贏得勝利了。

當然，要想在競爭中獲勝，勇氣只是贏得勝利的一方面，還要有實力。拐杖不能取代強健有力的雙腳，我們要靠自己的雙腳站起來，如果你的腳不夠強壯，不能支持你，你不是放棄和認輸，而是應該努力去磨練、強化、發展雙腳，讓它們發揮力量。

第6封信
借錢是為了創造好運

‧不論是要贏得財富，還是要贏得人生，優秀的人在競技中想的不是輸了我會怎樣？而是要成為勝利者我應該做什麼！

‧人生就是不斷抵押的過程，為前途我們抵押青春，為幸福我們抵押一生。

不論是要贏得財富，還是要贏得人生，優秀的人在競技中想的不是輸了我會怎樣？而是要成為勝利者我應該做什麼！

借錢是為了創造好運。如果抵押一塊土地就能借得足夠的現金，讓我獨佔一塊更大的地方，那麼我會毫不遲疑地抓住這個機會。在克利夫蘭時，我為擴張實力、奪得克利夫蘭煉油界頭把交椅地位，我曾多次欠下巨債，甚至不惜把我的企業抵押給銀行，結果是我成功了，我創造了令人震驚的成就。

兒子，人生就是不斷抵押的過程，為前途我們抵押青春，為幸福我們抵押一生。因為如果你不敢逼近底線，你就輸了。為成功我們抵押冒險不值得嗎？

兒子，誠信是一種方法，一種策略。因為我支付誠信，所以我贏得了銀行家乃至更多人的信任，也因為它度過一道道難關，踏上了快速的成功之路。

管理和運用金錢跟決心賺錢不同，需要有不同的信念。要管理和運用金錢，你必須樂於親自動手、親自管理數字，不能只是空談管理和策略。上帝表現在細節之中。如果你忽視了這些細節，或是超脫細節，把這種「雜事」授權給別人去做，就等於至少忽視了你事業經營的一半重要責任。細節永遠不應該妨礙熱情，成功的做法是你要記住兩點：一個是戰術，另一個是戰略。

第7封信

最可怕的是精神破產

・害怕失敗就不敢冒險，不敢冒險就會錯失眼前的機會。
・我是一個聰明的「失敗者」，我知道怎樣向失敗學習。
・只要不變成習慣，失敗是件好事。
・我就是自己最大的資本，我唯一的信念就是相信自己。

天下沒有白吃的午餐，更不可能維持現狀，如果靜止不動，就是退步，但要前進，必須樂於做決定和冒險。

人人都厭惡失敗，然而，一旦避免失敗變成你做事的動機，你就走上了怠惰無力之路。這非常可怕的想法，甚至是一種災難。因為這預示著人可能要喪失原本可能有的機會。

兒子，機會是稀少的東西，人們因機會而發跡、富有，看看那些窮人你就知道，他們不是無能的蠢材，他們也不是不努力，他們是苦於沒有機會。

你需要知道，我們生活在弱肉強食的叢林之中，在這裡你不是吃人、就是被別人吃掉，逃避風險幾乎就是保證破產；而你利用了機會，就是在剝奪別人的機會，保證著自己。

害怕失敗就不敢冒險，不敢冒險就會錯失眼前的機會。所以，為了避免喪失機會、保住競爭的資格，我們支付失敗與挫折是值得的！

失敗是走上更高地位的開始。我可以說，我能有今天的成就，是踩著失敗的螺旋階梯升上來的，是在失敗中崛起的。

我是一個聰明的「失敗者」，我知道怎樣向失敗學習。從失敗的經驗中汲取成功的因數，用自己不曾想到的手段，去開創新事業。所以我想說，只要不變成習慣，失敗反而是件好事。

樂觀的人在苦難中會看到機會；
悲觀的人在機會中會看到苦難。
夢想＋失敗＋挑戰＝成功之道。

人的事業就如同浪潮，如果你踩到浪頭，功名隨之而來；而一旦錯失，則終其一生都將受困於淺灘與悲哀。失敗是一種學習的經歷，你可讓它變成墓碑，也可以讓它變成墊腳石。

第8封信
只有放棄，才會失敗

・世界上沒有一樣東西可取代毅力。
・除非你放棄，否則你就不會被打垮。
・有太多的人高估他們所欠缺的，卻又低估了他們所擁有的。

林肯的一生書寫了一個偉大的真理——除非你放棄，否則你就不會被打垮。有太多人高估他們所欠缺的，卻又低估他們所擁有的，以至喪失了成為勝利者的機會。這是個悲劇。

對一般人而言，失敗很難使他們堅持下去，而成功則容易繼續下去。但在林肯那裡這是個例外，他會利用種種挫折與失敗，來驅使他更上一層樓。因為他有鋼鐵般的毅力。他有一句話說得好：「你無法在天鵝絨上磨利剃刀。」

世界上沒有一樣東西可取代毅力。才幹也不可以。懷才不遇者比比皆是，一事無成的天才很普遍；教育也不可以。世上充滿了學無所用的人。只有毅力和決心無往不利。

當我們繼續邁向高峰時，我們必須記住：每一級階梯都會有足夠的時間供我們踩，然後再踏上更高一層，它不是供我們休息之用。我們在途中不免疲倦與灰心，但就像一個拳擊手所說的，你要再戰一回合才能得勝。碰到困難時，我們要再戰一回合。每一個人的內在都有無限的潛能，除非我們知道它在哪裡，並堅持用它，否則毫無價值。

偉大的機會不假外求，然而，我們得努力工作才能把握它。俗語說：「打鐵趁熱。」的確不錯。毅力與努力都重要。每一個「不」的回答，都使我們愈來愈接近「是」的回答。「黎明之前總是最黑暗」，這句話並非口頭禪，我們努力工作發揮技巧與才能時，成功的一天終會到來。

第9封信

信念擁有不可思議的力量

・信念的大小，決定成就的大小。
・只要相信我們能夠成功，我們就會贏得成功。
・我從來不相信失敗是「成功之母」，我相信信心是「成功之父」。

每一個人都「希望」有一天能登上最高階層，享受隨之而來的成功果實。但是他們絕大多數偏偏都不具備必需的信心與決心，他們也便無法達到頂點。也因為他們相信達不到，以致找不到登上巔峰的途徑，他們的作為也就一直停留在一般人的水平。

但是，有少部分人真的相信他們總有一天會成功。他們抱著「我就要登上巔峰」的心態來進行各項工作，並且憑著堅強的信心而達到目標。我以為我就是他們

其中的一員。當我還是一個窮小子的時候，我就自信我一定會成為天下最富有的人，強烈的自信激勵我想出各種可行的計畫、方法、手段和技巧，一步步攀上了石油王國的頂峰。

我從不相信失敗是「成功之母」，我相信信心是「成功之父」。勝利是一種習慣，失敗也是一種習慣。如果想成功，就得取得持續性的勝利。我不喜歡取得一時的勝利，我要的是持續性的勝利，只有這樣我才能成為強者。信心激發了我成功的動力。相信會有偉大的結果，是所有偉大的事業、書籍、劇本，以及科學新知背後的動力。相信會成功，是已經成功的人所擁有的一項基本而絕對必備的要素。但失敗者慷慨地丟掉了這些——相信。

照亮我的道路，不斷給我勇氣，讓我愉快正視生活的理想的，就是信心。在任何時候，我都不忘增強信心能力。我用成功的信念取代失敗的念頭。當我面臨困境時，想到的是「我會贏」，而不是「我可能會輸」。當我與人競爭時，我想到的是

「我跟他們一樣好」，而不是「我無法跟他們相比」。機會出現時，我想到的是「我能做到」，而不是「我不能做到」。

每個人邁向成功的第一個步驟，也是不能漏掉的基本步驟，就是要相信自己，要相信自己一定能夠成功。要讓關鍵性的想法「我會成功」支配我們的各種思考過程。成功的信念會激發我信的心智創造出獲得成功的計畫。失敗的意念正好相反，使我們去想一些會導致失敗的念頭。

我常常提醒自己：你比你想像的還要好。成功的人並不是超人。成功不需要超人的智力，不是看運氣，也沒有什麼神秘之處。成功的人只是相信自己、肯定自己所作所為的平凡人。永遠不要、絕對不要廉價出售自己。

每個人都是他思想的產物，想的是小的目標，就可預期成果也是微小的。想到偉大的目標就會贏得重大的成功。而偉大的創意與大計畫通常比小的創意與計畫要來得容易，至少不會更困難。

第10封信
利益是光會照出人性的弱點

・我可以欺騙敵人，但決不欺騙自己。
・回擊正在躲射殺我的敵人，永遠不會讓我良心不安。
・在謀利的遊戲中，今天的朋友也會變成明天的敵人。
・我的信念是搶在別人之前達到目的。

跟混蛋打交道，會讓你變得聰明。那些邪惡的「老師」教會了我許多東西，如果現在誰要想欺騙我，我估計會比翻越科羅拉多大峽谷還要難，因為那些魔鬼幫我建立了一套與人打交道的法則，我想這套法則對你會有所幫助：

我只有在對自己有利無害的情況下，才表現自己的感情；我可以讓對手教導我，但我永遠不教導對手，無論我對那件事瞭解有多深；凡事三思而決，不管別人如何催促，不考慮周全決不行動；我有自己的真理，只對自己負責；小心那些要求我以誠相待的人，他們是想在我這裡撈到好處。

我知道，欺騙只是謀利遊戲中的策略，並不能解決問題。但我更知道，謀利遊戲在夜以繼日地進行，所以，我必須從早到晚保持警惕並且明白：在這場遊戲中，人人都是敵人，因為每個人都先顧及自己的利益，不管是否對他人有利。重要的是如何保護自己，並隨時隨地地備戰。

兒子，命運給予我們的不是失望之酒，而是機會之杯。振作起來！發生在華爾街的那件事，並沒有什麼了不得，那只是你太相信別人而已。不過，你要知道，好馬是不會在同一個地方跌倒兩次的。

第11封信

貪心大有必要

- 讓每一個念頭，都服從於利益動機。
- 我是我生命的重心，我決定什麼適合我。
- 命運要由自己去開創，真心希望的東西一定要想方設法去得到。

這世界上，絕對沒有不貪心的人。

如果你有一粒橄欖，你就會想擁有一整顆的橄欖樹。我行走於人世已將近八十年，我見過不吃牛排的人，卻沒有見過一個不貪心的人，尤其是在商界，功利、拜金的背後只印著一個單詞，那就是「貪心」。

我相信，在未來不貪心的人仍將是地球上的稀有動物。誰會停止對美好事物的追求和佔有呢！

如果你要想創造財富成就，創造非凡的人生，我的感受，已不是「貪心是件好事」罷了，而是貪心是大有其必要的！

貪心的潛臺詞，就是我要，我要的更多，獨佔才好！有誰不曾在心底做此吶喊？為政者會說，我要掌權，我要由州長再做總統。經商者會說，我要賺錢，我要賺更多的錢。為人父母者會說，我希望我的兒子能有所成就，永遠過著富足、幸福的生活。

諸如此類……不一而足。只是囿於道德、尊嚴，顧及臉面，人們才將貪心緊緊地遮掩起來，才使得貪心成為禁忌的觀念。

事實上，只要追逐名利的世界一天不被毀滅，只要幸福一天不變得像空氣那樣唾手可得，人類就一天不能停止貪心。

命運要由自己去開創，真心希望的東西一定要想方設法去得到。成功與失敗的間距並不像人們想像的那麼在僅僅是「一念之間」而已，那就是看誰有強烈的貪

心，誰具有這種力量，誰就能煥發並施展出自己的全部力量，盡力而為，超越自己。我每一個前進的步伐都能讓我感受到貪心的力量！

貪心不僅能讓一個人的能力發揮到極致，也逼得他貢獻出一切，他會排除所有障礙，全速前進！

沒有任何力量可以阻止我貪心，因為我追求成功。貪心之下實現的成功並非罪惡，成功是一種高尚的追求，如果能以高尚的行為去獲得成功，對人類的貢獻會遠比貧困時所能做的更多，我做到了！

第12封信 地獄裡住滿了好人

· 事實上，我不是喜歡錢，我喜歡的是賺錢，我喜歡的是勝利時刻的——那種美好感覺！

· 我喜歡勝利，但我不喜歡為了追求勝利而不擇手段。

約翰，好勝是我永不磨損的天性，所以我說那些譴責我貪慾永無止境的人都錯了。事實上，我不是喜歡錢，我喜歡的是賺錢，我喜歡的是勝利時刻的——那種美好感覺！

當然，讓別人輸掉的感覺有時會觸動我的惻隱之心，但是，經商是一場嚴酷的競爭，沒有什麼東西比決心迫使別人出局更無情的了，可是你只能想方設法戰勝對手，才能避免失敗的悲慘命運。有競爭出現的地方，都是這樣。

不可否認，想要成功，幾乎多多少少都得犧牲別人。然而，如果你追求勝利，希望贏得勝利，就必須抗拒同情別人之類的念頭，不能只想當好人，不能保留實力，不能逃避或延後讓對手出局。

要知道，地獄裡住滿好人，失敗的痛苦是商戰的一部分，我們彼此都在扼殺對手，沒有競爭奮鬥到底的決心，就只有做失敗者的資格。

約翰，我喜歡勝利，但我不喜歡為追求勝利而不擇手段。不計代價獲得的勝利不是勝利，醜惡的競爭手段讓人厭惡，那等於是畫地為牢，可能永遠無法超越，即使贏得一場勝利，也可能失去以後再獲勝的機會。

而循規蹈矩不表示必須降低追求勝利的決心，卻表示用合乎道德的方式去贏得明確的勝利，也表示在這種限制下，全力公平、無情的追求勝利。我希望你能做到這一點。

第13封信

天下沒有白吃的午餐

‧你否定了他的尊嚴，你就搶走了他的命運。

‧智慧之書的第一章，也是最後一章，就是——天下沒有白吃的午餐。

‧一個人活著，必須在自身和外界創造足以使生命和死亡有點尊嚴的東西。

在我看來，資助金錢是一種錯誤的幫助，它會使一個人失去節儉、勤奮的動力，而變得懶惰、不思進取、沒有責任感。

更為重要的是，當你施捨一個人時，你就否定了他尊嚴，你否定了他的尊嚴，你就搶走了他的命運，這在我看來是極不道德的。作為富人，我有責任成為造福於人類的使者，卻不能成為製造懶漢的始作俑者。

任何一個人一旦養成習慣，不管是好或壞，習慣就一直佔有了他。白吃午餐的習慣不會使一個人步向坦途，只能使他失去贏的機會。而勤奮工作卻是惟一可靠的出路，工作是我們享受成功所付的代價，財富與幸福要靠努力工作才能得到。

智慧之書的第一章，也是最後一章，是天下沒有白吃的午餐。如果人們知道出人頭地，要以努力工作為代價，大部分人就會有所成就，同時也將使這個世界變得更美好。而白吃午餐的人，遲早會連本帶利付出代價。

一個人活著，必須在自身與外界創造足以使生命和死亡有點尊嚴的東西。

第14封信

做一個傻傻的聰明人

・沒有不幸經歷的人，反而是一種不幸。
・把一頭豬好好誇獎一番，它都能爬到樹上去。
・自作聰明的人是傻瓜，懂得裝傻的人才是真聰明。

我希望你能去除對知識、學問的依賴心理，這是你走上人生坦途的關鍵。你要知道，學問本身並不怎麼樣，學問必須加以活用，才能發揮作用，要成為能夠活用學問的人，你必須首先成為具有實行能力的人。

兒子，這世界上只有兩種頭腦聰明的人：一種是活用自己的聰明人。例如，藝術家、學者、演員；一種是活用別人的聰明人。例如，經營者、領導者。後一種人

需要一種特殊的能力——抓住人心的能力。

不過，有很多領導者都是聰明的傻瓜，他們以為要抓住人心，就得依據由上而下的指揮方式。在我看來，這非但不能得到領導力，反而會降低很多效率。要知道，每個人對自己受到輕視都非常敏感，被看矮一截會喪失幹勁。這樣的領導者只會使部屬無能化。

把一頭豬好好被誇獎一番，它就能爬到樹上去。善於驅使別人的經營者、領導者或大有作為的人，一向寬宏大量，他們懂得高看別人和讚美他人的藝術。這意味著他們要有感情的付出。而付出深厚的感情的領導者最終必贏得勝利，並獲得部屬更多敬重。

有了「懂」的感覺，就會缺乏想要知道的興趣，沒有興趣就將喪失前進的動力，等待他的也只剩下百般無聊了。這就是因為不懂才成功的道理。

但是，受自尊心、榮譽感的支配，很多有知識的人對「不懂」總是難以啟齒，好像向別人請教，表示自己不懂，是見不得人的事，甚至把無知當罪惡。這是自作聰明，這種人永遠都不會理解那句偉大的格言——每一次說不懂的機會，都會成為我們人生的轉折點。

自作聰明的人是傻瓜，懂得裝傻的人才是真聰明。如果把聰明視為可以撈到好處的標準，那我顯然不是一個傻瓜。

裝傻帶給你的好處很多很多。裝傻的含義，是擺低姿態，變得謙虛，換句話說，就是瞞住你的聰明。越是聰明的人越有裝傻的必要，因為就像那句格言所說的——越是成熟的稻子，越會垂下稻穗。

第15封信

財富是勤奮的副產品

- 我們的財富，是對我們勤奮的嘉獎。
- 機會如同時間一樣，對每個人都是平等的。
- 結束生命最快捷的方式，就是什麼也不做！
- 我始終將退休看做是再一次的出發。

機會如同時間一樣，對每個人都是平等的，為什麼我能抓住機會成為巨富，而很多人卻與機會擦肩而過、不得不與貧困為伍呢？難道真的像詆毀我的人所說，是因為我貪得無厭嗎？

不！是勤奮！機會只留給勤奮的人！自我年少時，我就篤信一條成功法則：財富是意外之物，是勤奮工作的副產品。每個目標的達成都來自於勤奮的思考與勤奮的行動，實現財富夢想也依然如此。

我極為推崇「勤奮出貴族」這句話，它是讓我永生敬意的箴言。無論是過去還是現在，無論是在我們立足的北美、還是在遙遠的東方，那些享有地位、尊嚴、榮耀和財富的貴族，都有一顆永不停息的心，都有一雙堅強有力的臂膀，在他們身上都凸顯毅力也頑強意志的光芒。而正是這樣的品質或稱財富，讓他們成就了事業，贏得了尊崇，成為了頂天立地的人物。

今天，儘管我已年近七十，但我依然搏殺於商海之中，因為我知道，結束生命最快捷的方式，就是什麼也不做！人人都有權力選擇把退休當作開始或結束。那種無所事事的生活態度會使人中毒。我始終將退休看做是再一次的出發，我一天也沒有停止過奮鬥，因為我知道生命的真諦。

約翰，我今天的顯赫地位，巨額財富不過是我付出比常人多得多的勞動和創造

換來的。我原本是普普通通的常人，原本沒有頭上的桂冠，但我以堅強的毅力、頑強的耕耘，孜孜以求，終於功成名就。我的名譽不是虛名，是血汗澆鑄的王冠，些許淺薄的嫉恨和無知的攻擊，對我都是不公平的。

我們的財富是對我們勤奮的嘉獎。讓我們堅定信念，認定目標，憑著對上帝意志的信心，繼續努力吧，我的兒子。

第16封信

藉口會把成功擋在門外

· 贏本身並不代表一切，努力去贏的精神才是最重要的。
· 藉口往往是失敗者的最後一根稻草。
· 一個人越是成功，越不會找藉口。

我鄙視那些善找藉口的人，因為那是懦弱者的行為，我也同情那些善找藉口的人，因為藉口是製造失敗的病源。

一旦一個失敗者找出一種「好」的藉口，他就會抓住不放。然後，總是拿這個藉口對他自己和他人解釋：為什麼他無法再做下去，為什麼他無法成功。

起初，他還能自知他的藉口多少是在撒謊，但是在不斷重複使用後，他就會越

來越相信那完全是真的，相信這個藉口就是他無法成功的真正原因，結果他的大腦就開始怠惰、僵化，讓努力想方設法要贏的動力化為零。但他們從不願意承認自己是個愛找藉口的人。

偶爾，我見過有人站起來說：「我是靠自己的努力而成功的。」到目前為止，我還未見過任何男人或女人，敢於站起來說：「我是使自己失敗的人。」失敗者都有一套失敗者的藉口，他們將失敗歸咎於家庭、性格、年齡、環境、時間、膚色、宗教信仰、某個人乃至星象，而最壞的藉口莫過於健康、才智以及運氣。

我發現大多數對「才智」有兩種基本錯誤態度：太低估自己的腦力、以及和太高估別人的腦力。因為這些錯誤，使許多人輕視自己。他們不願面對挑戰，因為那需要相當的才智。認為自己愚蠢的人才是真正愚蠢的人，他們應該知道，如果有一個人根本不考慮才智的問題，而勇於一試，就能夠勝任得很好。

引導我們發揮聰明才智的思考方式，遠比我們才智的高低重要。即使是學歷再高也無法改變這項基本的成功法則。天生的才智的教育程度不是業績好壞的確良原因，而是在於思想管理。那些最好的商人從不杞人憂天，而是富有熱忱。要改善天賦的素質絕非易事，但改善運用天賦的方法卻很容易。

很多人都迷信所謂的知識就是力量。在我看來這句話只說對了一半。拿才智不足當藉口的人，也是錯解了這句話的意義。知識只是一種潛在的力量，只有將知識付諸應用，而且是建設性地應用，才會顯出它的威力。

每一件事的發生必有原因，人類的遭遇也不可能事事都是碰巧發生的。所以，有很多人總會把自己的失敗怪罪於運氣太壞，看到別人成功時，就認為那是因為他們運氣太好。我從不相信什麼運氣好壞，除非我認為精心籌備的計畫和行動也可以叫「運氣」。

一個人不可能靠運氣而成功，而是要付出努力的代價。我不妄想靠運氣獲得勝利等等生命中的美好事物，所以我集中全力去發展自我，修煉出使自己變成「贏家」的各種特質。

藉口把絕大多數的人擋在了成功的大門之外，百分之九十九的失敗都是因為人們慣於找尋藉口。所以在追求事業成功的過程中，最重要的一個步驟即為：防止自己找藉口。

第17封信

每個人手中都握有成功種子

- 我就是我自己最大的資本！
- 我唯一的信念就是相信自己！
- 每一個渴望成功的人都應該認識到，成功的種子就撒在你自己的身邊。

「從貧窮通往富裕的道路永遠是暢通的，重要的是你要堅信：我就是我最大的資本。你要鍛煉信念，不停地探究遲疑的原因，直到信念取代了懷疑。你要知道，你自己不相信的事，你無法達成；信念是帶你前進的力量。」

每一個渴望成功的人都應該認識到，成功的種子就撒在他自己身邊。

每個人都有一定的理想，這種理想決定著他的努力和判斷的方向。

就此意義而言，我以為，不相信自己的人就跟竊賊一樣，因為任何一個不相信自己，而且未充分發揮本身能力的人，可以說是向自己偷竊的人；而且在這過程中，由於創造力低落，他也等於是從社會偷竊。由於沒有人全從他自己那裡故意偷竊，那些向自己偷竊的人，顯然都是無意中偷竊了。然而，這種罪狀仍很嚴重，因為其所造成的損失，跟故意偷竊一樣大。

只有戒除這種向自己偷竊的行為，我們才能爬向高峰。我希望那個渴望發財的年輕人，能思索出其中所蘊涵的教誨。

第18封信

我沒有權利當窮人

・我應該是富翁，我沒有權利當窮人。
・要讓金錢當我的奴隸，而不能讓我當金錢的奴隸。
・手裡每多一分錢，就增加了一分決定未來命運的力量。

一個人如果說：「我不要金錢！」那就等於是在說：「我不想為家人、友人和同胞服務。」這種說法固然荒謬，但要斷絕這兩者關係同樣荒謬！

我相信金錢的力量，我主張人人都當然應該去賺錢。然而，宗教對這種想法有強烈的偏見，因為有些人認為，作為上帝貧窮的子民是無上的榮耀。我曾聽過一個人在祈禱會上禱告說——他十分感謝自己是上帝的貧窮子民。我聞聽不禁心裡暗

想：這個人的太太要是聽到她先生這麼胡言亂講，不知會有何感想？他肯定會認為自己嫁錯了人。

我不想再見到這種上帝的貧窮子民，我想上帝也不願意！我可以說，如果某個原本應該很富有的人，卻因為貧窮而懦弱無能，那他必然犯下了極端嚴重的錯誤；他不僅對自己不忠實、忠誠，也虧待了他的家人！

我不能說，賺錢的多寡可以用來當作人生成功與否的標準，但幾乎毫無例外的是，你可以利用金錢的多寡來衡量一個人對社會所做的貢獻。你的收入愈多，你的貢獻也要付出更多。一想到我已經使無數國民永遠走向了富裕之路，我便自感擁有了偉大人生。

這個世上有某些人之所以沒有錢，是因為他們不瞭解錢。他們認為錢既冷又硬，其實錢既不冷又不硬——它柔軟而溫暖，它會使我們感覺良好，而且在色澤上也能跟我們所穿的衣服相配。

我之所以是我，都是我過去的信念創造出來的。坦率地說，自我感覺到人世間因貧窮而疾苦的時候，我就萌發了一個信念：我應該是富翁，我沒有權利當窮人。隨著時間的推移，這個信念變得有如鋼鐵般堅硬。

我對金錢的理解，堅定了我要賺錢、我要成為富人的信念，而這個信念又給予了我無比的鬥志去追逐財富。

第19封信

目標就是要做第一

・財富與目標成正比。
・一個人不是在計畫成功，就是在計畫失敗。
・對我來說，第二名跟最後一名是沒有什麼兩樣。

人活著就得有目標或野心，否則，他就像一艘沒有舵的船，永遠漂流不定，只會到達失望、失敗與喪氣的海灘。

人被創造出來是有其目的的，一個人不是在計畫成功，就是在計畫失敗——這是我一生的心得。

成為偉大的機會並不像湍急的尼加拉瓜大瀑布那樣傾斜而下，而是慢慢地一次一點一滴。偉大與接近偉大之間的差異就是領悟到，如果你期望偉大，你必須每天朝著目標努力。

人在功能上就像是一部腳踏車，除非你向上、向前朝著目標移動，否則你就會搖晃跌倒。

做最富有的人——是我努力的依據和鞭策自己的力量。在過去的幾十年中，我一直是追求卓越的信徒，我最常激勵自己的一句話就是：對我來說，第二名跟最後一名是沒有什麼兩樣的。

偉大的人生就是征服卓越的過程，我們必須向這個目標前進，不怕痛苦，態度堅決，準備在漫長的道路上屢仆屢起……

第20封信

好奇才能發現機會，冒險才能利用機會

・人生沒有維持現狀這回事，不進則退。
・你擁有的東西越多，力量就越大。
・想獲勝必須瞭解冒險的價值，而且必須有自己創造運氣的遠見。

好奇才能發現機會，冒險才能利用機會。

我擁有的東西越多，力量就越大。機會來了，放走它不僅僅是金錢，而是在削弱你在致富競技場上的力量。

幾乎可以確定，安全第一不能讓我們致富，要想獲得報酬，總是要接受隨之而來的必要的風險。人生又何嘗不是這樣呢！

人生沒有維持現狀這回事，不進則退，事情就是這麼簡單。我相信，謹慎並非完美的成功之道。不管我們做什麼，乃至我們的人生，我們都必須在冒險與謹慎之間做出選擇。而有些時候，靠冒險獲勝的機會要比謹慎大得多。

商人都是利潤與財富的追逐者，要靠自己創造資源以及想方設法取得他人的資源，甚至逼迫他人讓出資源而使自己富有，所以，冒險是商人征戰商場不可或缺的手段。

如果你想知道既冒險而又不招致失敗的技巧，你只需要記住一句話——

大膽籌畫，小心實施。

第21封信

侮辱是一種動力

- 侮辱是測量一個人能力的尺規。
- 永遠不能讓自己個人的偏見妨礙自己成功。
- 你相信自己，並與自己和諧一致，你就是自己最忠實的伴侶。

善於思考與善於行動的人，都知道必須去除傲慢與偏見，都知道永遠不能讓自己的個人偏見妨礙自己的成功。

在談判中能堅持到最後一刻的人，一定會撈到好處。

對他人的報復，就是對自己的攻擊。

每個人都有享受掌聲與喝彩的時候，那或者是在肯定我們的成就，或者是在肯定我們的品質、人格與道德；也有遭受攻擊的侮辱的時候，除去惡意，我想我們之所以會遭受侮辱，是因為我們的能力欠佳，這種能力可能與做人有關，也可能與做事有關，總之不構成他人的尊重。所以，我想說，蒙辱不是件壞事，如果你是一個知道冷靜反思的人，或許就會認為侮辱是測量能力的尺規，我就是這樣做的。

我知道任何輕微的侮辱都可能傷及尊嚴。但是，尊嚴不是天賜的，也不是別人給予的，是你自己締造的。尊嚴是你自己享用的精神產品，每個人的尊嚴都有屬於他自己，你自己認為自己有尊嚴，你就有尊嚴。所以，如果有人傷害你的感情、你的尊嚴，你要不為所動。你不死守你的尊嚴，就沒有人能傷害你。

第22封信

用實力讓對手恐懼

・越是認為自己行，你就會變得越高明。

・當涉及金錢的時候，絕對不要先提金額。

・在做生意時，你絕對不能想把錢賺得一乾二淨，要留一點錢給別人賺。

你必須真實瞭解自己、瞭解對手，這才能保證你在決勝中取得勝利的前提。你需要知道，準備是遊戲心理的一部分，你必須知己知彼。如果你要擁有實質性的優勢，你必須知道——

第一、整體環境：市場狀況如何，景氣狀況如何。

第二、你的資源：你有哪些優勢（優點）和弱勢（弱點），你有哪些資本。

第三、對手的資源：對手的資產狀況如何，他的優勢、劣勢在哪裡。在任何競爭中，謀劃大策略的重要因素之一，就是了解對手的優勢。

第四、你的目標和態度：古希臘德菲爾太陽神阿波羅神殿的座右銘只有短短的一句話：「認識你自己。」你要知道自己在幹什麼、有什麼目標，實現目標的決心有多堅決，認為自己像個贏家還是懷疑自己，在精神與態度上有什麼優點和缺點。越是認為自己行，你就會變得越高明，積極的心態會創造成功。

第五、對手的目標和態度：要儘量判斷對手的目標，同樣重要的是，要設法深入對手的內心，瞭解他的想法的感覺。

毫無疑問，最後這一項——預測和瞭解對手——是最難實現的利用的，但你要去力爭實現。那些偉大的軍事將領大多有一個習慣，他們總是盡力瞭解對手的性格和習慣，以此來判斷對手可能做出的選擇和行動方向。

在所有的競爭活動中，能夠瞭解對手和競爭者也總是很有功效，因為這樣你就可以預測對手的動向。主動、預期性的措施幾乎總比被動反應有效，且更有力量，

俗話說，預防勝於治療就是這個道理。

在有些時候，你競爭對手可能是你熟知的人，那你就要多利用這個優勢。如果你瞭解他是一個很謹慎的人，或許你自己最好也要小心一點；如果你覺得他總是很衝動，或許這是在暗示你，要大刀闊斧，否則你就可能被他逼上絕路。

要完成一筆好交易，最好的方法是強調其價值。而很多人常會犯強調價格、而非價值的錯誤，他們會說什麼，「這的確很便宜，再也找不到這麼低的價格了。」不錯，沒有誰願意出高價，但在最低價之外，人們更希望得到最高的價值。

第23封信

合作是共同獲利、創造雙贏的策略

- 要想讓別人怎麼待你，你就要怎麼待別人。
- 建立在生意上的友誼，遠勝過建立在友誼上的生意。
- 往上爬的時候要對別人好一點，因為你走下坡的時候會碰到他們。
- 讓你每一個念頭，都服從於利益的動機。

我之所以能跑在競爭者的前面，就在於我擅長走捷徑——與人合作。在我創造財富之旅的每一站，你都能看到合作的站牌。因為從我踏上社會那一天起我就知道，在任何時候，任何地方，只要存在競爭，誰都不可能孤軍奮戰，除非他想自尋死路，聰明的人會與他人包括競爭對手形成合作關係，假借他人之力使自己存在下去或強大起來。

合作可以壓制對手或讓對手出局，達到讓自己向目標闊步邁進的目的，換句話說，合作並不見得只是追求勝利。

遺憾的是，只有為數不多的人才瞭解其中的奧妙。

但是，合作並不等同於友誼、愛情和婚姻，合作的目的不是去撈取情感，而是要撈到利益和好處。我們應該知道，成功有賴於他人的支持與合作，我們理想與我們自己之間有一道鴻溝，要想跨越這道鴻溝。必須依靠別人的支持與合作。

「己所不欲，勿施於人」，既是我的行為準則，又是我對合作所保有的明智態度。所以，我從不以財勢欺凌處於弱勢的對手，我情願與他們促膝談心，也不願意擺出盛氣凌人的姿態去壓服他們，否則，我可以會毀了我們之間的合作，讓目標停止在中途。

往上爬的時候要對別人好一點，
因為你走下坡的時候會碰到他們。

我厭惡以粗暴的態度對待人，更知道耐心、溫和對待下屬和同事的價值——有利於實現目標。我知道用錢可以買到人才，卻不會買到人心，但如果在付錢的時候又送上一份尊重，我就會讓他們為我忠心地服務。這就是我能建立起高效管理隊伍的成功所在。

第24封信
不甘示弱才會贏

．我們思想的大小，決定我們成就的大小。
．沒有想好最後一步，就千萬不要邁出第一步。
．態度是我們最好的朋友，也會是我們最大的敵人。
．我們要勇於在別無選擇中，毅然殺出一條生路。
．通往成功的道路上鋪滿了黃金，然而這條道路卻只是一條單行道。

「成功並不是以一個人的身高、體重、學歷或家庭背景來衡量，而是以他思想的『大小』來決定。我們思想的高度，來決定我們成就的高度。這其中最重要的一條就是我們要看重自己，克服人類最大的弱點——自貶，千萬不要廉價出賣自己。

「你們永遠比你們想像中的還要偉大，所以，要將你們的思想擴大到你們真正實力的程度，絕不要看輕自己！

「幾千年來，很多哲學家都忠告我們：要認識你自己。但是，大部分的人都把它解釋為僅僅認識自己消極的一面。大部分的自我評估都包括太多的缺點、錯失與無能。認識自己的缺失很好，可藉此謀求改進。但是，如果我們僅僅認識自己消極的一面，就會陷入混亂，使自己變得沒有任何價值。

「而對那些渴望別人尊重自己的人來說，現實卻很殘酷，因為別人對他的看法，與他對自己的看法相同。我們都會受到那種「我們自以為是怎樣」的待遇。那些自以為比別人差一截的人，不管他實際上的能力到底怎樣，一定會是比別人差一截的人，這是因為思想本身能調節並控制各種行動的緣故。

「每個人都無法逃脫這樣一個推理原則：你怎麼思想將會決定你怎麼行動，你怎麼行動將決定別人對你的看法。就像你們自己的成功計畫一樣，要獲得別人的尊

重其實很簡單。為得到他人的尊重，你們必須首先覺得自己確實值得人敬重，而且你們越敬重自己，別人也會越敬重你們。

「但是，為什麼很多人卻將這個本可以實現的目標，永遠地變成了無法實現的一場美夢呢？在我看來是態度使然。態度是我們每個人思想和精神因素的物化，它決定著我們的選擇和行動。在這個意義上說，態度是我們最好的朋友，也會是我們最大的敵人。

「我承認，我們不能左右風的方向，但我們可以調整風帆——選擇我們的態度。一旦你們選擇了看重自己的態度，那些『我是個沒用的人、我是個無名小卒、我算老幾、我一文不值！』等等貶低自己、消磨意志、蛻化信心和自暴自棄的懦夫的想法就會消失殆盡，取而代之的，是心靈的復活，思維和行為方式的積極改變，信心的增強，以『我能！而且我能完成！』的心態面對一切。

「年輕的朋友們，通往成功的道路上鋪滿了黃金，然而這條道路卻只是一條單行線。此時此刻，我們需要一種樂觀的態度。樂觀常被哲學家稱為『希望』。首先讓我來告訴你們，這是對樂觀的曲解！所謂樂觀是一種信念，那就是相信生活終究是樂多苦少，相信即使不如人願的事屢屢發生，好事終將占得上風。」

第25封信 讓每一分錢都帶來效益

- 失去對高尚的人的尊重，就是在剝奪自己做人的尊嚴。
- 沒有想好最後一步，就永遠不要邁出第一步。
- 創造力、自發精神和信念可以化不可能為可能。

我與查理斯先生有著共同的信仰，我們都是虔誠的基督徒。我喜歡查理斯先生最喜歡的一句格言：「珍惜時間和金錢。」我一直以為這是一則凝聚著偉大智慧的箴言。我相信絕大多數的人都會喜歡它，卻難以將其變成自己思想信念和價值信條，並永遠溶入自己的血液中。

是的，無論一個人積儲了多麼豐富的妙語箴言，也無論他的見解有多高，假使不能利用每一個確實的機會去行動，其性格終不能受到良好的影響。失去美好的意圖，終是一無所獲。

幾乎人人都知道，能否構築幸福生活，能否實現成功，都與如何利用時間有關。然而，在很多人那裡，時間是他們的敵人，他們消磨它，抹煞它；但如果誰偷走他們的時間，他們又會大發雷霆，因為時間畢竟是金錢，重要的時間還是生命。遺憾的是，他們就是不知道如何利用時間。

賺錢不會讓你破產——是查理斯先生的致富聖經。

在一次午餐會上，查理斯先生公開了他的賺錢哲學，那天他用一種演講家般的激情，激勵了我們每個人，他告訴我們大家：世界上有兩種人永遠不會富有——

「第一種是及時行樂者，我們喜歡過光鮮亮麗的日子，像蒼蠅盯臭肉那樣，對奢侈品興趣昂然，他們揮霍無度，竭盡所能要擁有精美的華服、昂貴的汽車、豪華的住宅，以及價格不菲的藝術品。這種生活的確迷人，但它缺乏理性，及時行樂者

缺乏這樣的警惕：他們是在尋找增加負債的方法，他們會成為可憐的車奴、房奴，而一旦破產，他們就完了！

「第二種人，則是喜歡存錢的人，把錢存在銀行裡當然保險，但它跟把錢冷凍起來沒什麼兩樣，要知道靠利息不能發財。

「但是，另外有一種人會成為富人！比如，在座的諸位，我們不尋找花錢的方法，我們尋找、培養和管理各種投資的方法，因為我們知道財富是可以拿來孳生更多的錢財，我們會把錢拿來投資，創造更多的財富。但我們還要知道，讓每一分錢都能帶來效益！這正如翰一貫的經商原則——每一分錢都要讓它物有所值！」

第26封信
忍耐就是策略

- 衝動在任何時候，都是我們最大的敵人。
- 能忍人所不能忍之忤，才能為人所不能為之事。
- 如果你真的想成功，你一定要掌握並保護自己的機會，更要設法搶奪別人的機會。

我知道，屈從是思想的大敵，也是自由的獄吏。然而，對於一個胸懷大志的人而言，保持必要的屈從與忍耐，恰恰是一條屢試不爽的成功策略。追溯過往，曾經我忍耐過許多，也因忍耐得到過許多。

忍耐不是盲目的容忍，你需要冷靜地考量情勢，要知道你的決定是否會偏離或加害你的目標。

在我眼裡忍耐並非忍氣吞聲、也絕非卑躬屈膝，忍耐是一種策略，同時也是一種性格磨練，它所孕育出的是好勝之心。

在任何時候衝動都是我們最大的敵人。如果忍耐能化解不該發生的衝突，這樣的忍耐永遠是值得的；但是，如果頑固地一意孤行，非但不能化解危機，還會帶來更大的災難。

在這個世界上而要我們忍耐的人和事太多太多，而引誘我們感情用事的人和事也太多太多。所以，你要修煉自己管理情緒和控制感情的能力，要注意在做決策時不要受感情左右，而是完全根據需要來做決定，要永遠知道自己想要什麼。你還需要知道，在機會的世界裡，沒有太多的機會可以爭取，如果你真的想成功，你一定要掌握並保護自己的機會，更要設法搶奪別人的機會。

第27封信

幸運之神會眷顧勇敢的人

‧機運就在你的選擇之中。

‧如果你有51％的時間做對了，那麼你就會變成英雄。

‧你的行為要像個贏家，這樣——你就很可能去做更多贏家該做的事，從而改變你的「運氣」。

幾乎每一位事業有成的人都在警告世人：你不能靠運氣活著，尤其不能靠運氣來建立事業生涯。有趣的是，大部分的人對運氣深信不疑，我想他們是錯把機會當運氣了。沒有機會就沒有運氣。

經驗告訴我，大膽果決的人，能完成最好的交易，能吸引他人的支持，結成最

有力的盟約。而那些膽小、猶豫的人卻難以撈到這樣的好處。不僅如此，大膽的方法對自己也大有裨益，有自信的人期望成功，他們會配合自己的期望，設計所有的計畫以追求成功。當然，這樣做不能保證會絕對成功，卻能自然而然地推出對成功的展望。

如果你覺得自己是贏家，你的行為就會像個贏家；如果你的行為像個贏家，你就很可能去做更多贏家的事，從而改變你的「運氣」。

真正的勇者並非是不可一世的狂妄之徒，更不是沒有腦子的莽撞漢。勇者知道運用預測和判斷力，計畫每一步和做每一個決定，這種做法就像軍事策略家所說的那樣，會讓你力量大增，也就是擁有一種武器，能立刻形成明顯的優勢，幫你戰勝對手。

約翰，態度有助於創造運氣，而機運就在你的選擇之中。如果你有51%的時間做對了，那麼你就會變成英雄——這是我關於幸運的最深體會。

第28封信

只要相信這事能做成，就能找出解決之道

· 做任何事都不可能只找到一種最好的方法。
· 要找出完美想法的最佳途徑，就是要擁有許多想法。
· 最大的成功都是留給那些擁有我能把事情做得更好的態度的人。

找出把事情做得更好的方法，是將任何事情做成的保證。這不需要有超人的智慧，重要的是要相信能把事情做成，要有這種信念。當我們相信某一件事不可能做到的時候，我們的大腦就會為我們找出各種做不到的理由。但是，當我們相信——真正的相信，某一件事確實可以做到，我們的大腦就會幫我們找出各種方法。

我厭惡我的手下人說：「不可能！」

「不可能」是失敗的用語，一旦一個人被「那是不可能的」這想法所支配，他就能生出一聯串的想法證明他想得沒錯。羅傑斯就犯了這種錯誤，他是個傳統的思考者，他的心靈都是麻木的，他的理由是：這已經實行一百年了，因此一定是個好辦法，必須維持原樣，又何必冒險去改變呢？而事實上往往只要用心去想辦得到的原因，就可以達成。「普通人」總是討厭進步。

傳統的想法是創造性的計畫的頭號敵人。傳統性的想法會冰凍我們的心靈，阻礙我們發展真正需要的創造性能力。羅傑斯就犯了這樣的錯誤，他應該樂於接受各種創意，要丟棄「不可行」、「辦不到」、「沒有用」、「那很愚蠢」等思想的渣滓；他也要有實驗精神，勇於到嘗試新的東西，這樣就將擴展他的能力，為他擔負更大的責任做準備。同時，他也要主動前進，不要想：這通常是我做這件事的方式，所以在這裡我也要用這種方法，而要想：有什麼方法能比我們慣用的方法做得更好呢？

我們的心態決定我們的能力。我們認為我們能做多少我們就真的能做多少。如果我們真的相信自己能做得更多，我們就能創造性地思考出各種方法。

拒絕新的挑戰都是非常愚蠢的。我們要集中心思於怎樣才可以做得更多。如此，許多富有創造性的答案都會不期而至。例如，改善目前工作的計畫，或者處理例行工作的捷徑，或者刪除無關緊要的瑣事。換句話說，那些使我們做得更多的方法多半都在這時候出現。

第29封信 結束是另一個開始

- 結束是一段路程的終點，也是另一個新夢想的起點。
- 首先發現對方弱點並狠命一擊的人，常常是勝者。
- 大多數人會失敗並不是因為犯錯，而是因為沒有全心投入。

「結束是另一個開始」，在我看來，鐵匠是在試圖表明成功是一個不斷繁衍的過程，這就像一隻多產的母牛，當它生下一隻牛崽之後，馬上又懷上了另一隻牛崽，如此往復，生生不息。

結束是一段路程的終點，又是新夢想的起點。每一個偉大的成功者，都是用一個個小的成功把自己堆砌上去的，他們用結束歡慶夢想的實現，又用結束歡送新夢想上路，這是每一個創造了偉大成就的人的品質。

我的經驗告訴我，有三種策略能讓我擁有優勢。

第一個策略：一開始就要下決心，關注競爭狀況和競爭者的資源。

這點表示我要注意自己和別人都擁有什麼，也表示要瞭解降低機會的基本面。從事新事業時，在瞭解整個狀況之前，不應該採取初步行動，成功的第一步是瞭解達成目的所需要的資源在哪裡，數量有多少。

第二個策略：研究和檢討對手的情況，然後善用這種知識來形成自己的優勢。

瞭解對手的優點、弱點、做事的風格和性格特點，總能讓我在競爭中擁有優勢。當然，我也要知道自己是誰。我用這個策略就曾經讓那個「結束是另一個開始」的發明者卡內基先生甘拜下風。

在別人不把你高看為對手的時候，就是你為未來競爭賺得最大資本的時候。在競爭中，首先發現對方弱點並狠命一擊的人，常常是勝者。

第三個策略：你必須擁有正確的心態。

從一開始，你必須下定決心，追求勝利，這表示你必須在道德的限制下，表現得積極無情，因為這種態度直接來自殘忍無情的目標。

既然決心追求勝利，就必須全力以赴。也只有全力以赴才有輝煌的成就。在競爭開始時更應如此。說得好聽一點，這是努力取得早期的優勢，希望建立獨佔的地位，說得難聽一點，付出努力等於讓別人減少一個機會。而與此同時，我們還要積極面勇猛，要有吞下鯨魚的膽量。我相信，天才的競爭者總是由勇士來承擔，這是千古不易的規律。

第30封信

不要讓小人扯你的後腿

· 明智的人絕不會為命運坐下來哭泣。
· 說你辦不到的人，都是無法成功的人。
· 你付不起貪小失大所累積的種種額外負擔。

從我年輕的時候開始，我就拒絕同兩種人交往——

第一種人——是那些完全投降、安於現狀的人。他們深信自己條件不足，認為創造成就只是幸運兒的專利，他們沒有這個福氣。這種人願守著一個很有保障卻很平凡的職位，年復一年渾渾噩噩。他們也知道自己需要一份更有挑戰性的工作，這

樣才能繼續發展與成長，但就因為有無數的阻力，使他們深信自己不適合做大事。

明智的人絕不會為命運坐下來哀號。但這種人只會哀歎命運不濟，卻從不欣賞自己，把自己看成是更有份量、更有價值的人，他們失去了使自己全力以赴的感覺，和自我鼓勵的功能，反讓消極佔據了自己的內心。

第二種人——是不能將挑戰進行到底的人。他們曾經非常嚮往成就大事，也曾替自己的工作大做準備，制訂計畫。但是過去幾十年或十幾年後，隨著工作阻力的慢慢增加，為更上層樓需要艱苦努力的時候，他們就會覺得這樣下去實在不值得，因而放棄努力，變得自暴自棄。

他們會自我解嘲：「我們比一般人賺得多，生活也比一般人要好，幹嘛還不知足，還要冒險呢？」其實這種人已經有了恐懼感，他們害怕失敗，害怕大家不認同，害怕發生意外，害怕失去已有的東西。他們並不滿足，卻已經投降。這種人有些很有才幹，卻因不敢重新冒險，才願意平平淡淡地度過一生。

這兩種人身上有著共同的思想毒素，極易感染他人的思想毒素，那就是「消極」的想像力。

我一直以為，一個人的個性與野心，目前的身分與地位，同與什麼人交往有關。經常跟消極的人來往，他自己也會變得消極；跟小人物交往過密，就會產生許多卑微的習慣。反過來說，經常受到大人物的薰陶，自會提高自己的思想水平；經常接觸那些雄心萬丈的成功人士，也會使他養成邁向成功所需要的野心與行動。

有些消極的人心腸很好，另外還有一些消極的人，自己不知上進，還起想把別人也拖下水，他們自己沒有什麼作為，所以想使別人也一事無成。記住，約翰，說你辦不到的人，都是無法成功的人，亦即他個人的成就，頂多普普通通而已。因此這種人的意見，對你有害無益。

第31封信

做一個目的主義者

・忠誠是甘心效命的開始。
・到達地獄的路，是由善意鋪成的。
・目的是我領導的依據，目的就是一切。

我是一個目的主義者，我從不像有些人那樣誇大目標的作用，卻異常重視目的的功能。在我看來，目的是驅動我們潛能的關鍵，是主導一切的力量，它可以影響我們的行為，激勵我們製造達到目的的手段。明確、果斷的目的，更會讓我們專注於所選擇的方向，並盡力達成目標。

我的經驗告訴我，一個人所達成的任務，以及他最終的表現，與他的目的的本質與力量，息息相關，而與他為了目標所做的事情幾乎無關。想想看，沒有一杆完成的高爾夫比賽，你需要一洞一洞打過去，你每打出一杆的目的就是離球洞越近越好，直到把它打進洞裡為止。

目的是我領導的依據，目的就是一切。我習慣於在做任何事情之前先確立目的，而且每天我都要設定目的，無數的目的，譬如與合夥人談話的目的，召集會議的目的，制定計劃的目的，等等。我在做事之前也會先檢視自己設定的目的。通常在我到達公司時，我已經成功做好了萬全的準備。所以，在我心裡從未出現過諸如「我沒有辦法」、「我不管了」、「沒有希望了」等具有吞噬性的聲音。每一天確立的目的，已經抵消了這些失敗的力量。

如果你無法主動確立自己的目的，你就會被動或不自覺地選擇其他目的（一下子想往東、一下子又想往西），結果很可能會讓你失去掌控全域的能力，同時你也將受制於使你分心或攪亂你的人或事件。

傑出的領導者都善於動用兩種無形的力量：信任和尊重。當你誠實地說出你的目的時，你也傳遞了這樣的資訊：「因為我對你有足夠的信任，所以我願意向你表白。」它將開啟讓人信任你的大門，而在大門外，你擁抱的不僅是部屬的能力，還有來自他們無價的忠誠——要凝聚力量來幫助你的忠誠。信賴別人並使別人也信賴我，是我一生取得成就的重要原因。

目的就如同鑽石：如果要它有價值，它必須是真實的。不誠懇的目的表白只會壞事。如果一個人濫用目的的力量，他只會破壞彼此間的信任，並失去別人的信賴。這就是表達目的的風險。

第32封信　沒有責難、拒絕藉口

・責難是摧毀領導力的頭號敵人。
・自責是一種最陰險狡猾的責難陷阱。
・自己越強大，別人的影響力就會越小。

我知道責難是摧毀領導力的頭號敵人，我還知道在這個世界上沒有常勝將軍，不管是誰都將遭遇挫折和失敗。所以，當問題出現時，我不會感到憤恨不滿，我只是在想：怎麼能讓情勢好轉起來？採取什麼行動可以補救或是修復我們的失誤？積極地選擇朝向更高的生產力和滿意度前進。

當然，我不會放過我自己。當壞事降臨在我們身上時，我會先停下來問自己一

個問題：「我的職責是什麼？」回歸原點，借著對自身角色進行完全坦誠的評估，可以避免空窺探他人做了什麼，或是要求其他人改變什麼，等等無意義的行為。事實上，只有將焦點專注在自己身上，我才能將無意中拱手讓出的王冠重新收回。

但是，分析「我的職責是什麼」並不意味著自責。自責是一種最陰險狡猾的責難陷阱，諸如「那真是一個愚蠢的錯誤！」等自我責難，只會使我陷入與其他任何責難相同的忿恨與不滿的圈套之中。事實上，「我的職責是什麼」是一種具有強大分析力和自我肯定的步驟，當我知道，真正的問題不是他們應該要做什麼，而是我應該要做什麼時，我不會自怨自艾，而只會讓自己更強大。自己越強大，別人的影響力就會越小，看來這不是件壞事。

如果我能將每一個阻礙視為瞭解自己的一個機會，而非斤斤計較他人對我做了什麼，那麼我就能在領導危機的高牆外找到出路。

真實的傾聽是不具任何防禦性的。即使你不喜歡這個資訊，你也應該傾聽瞭解，而非立即做出回應。專注地傾聽不太像是一種技巧，它比較像是一種態度。滑雪的人在遭遇障礙時的每一秒鐘，都投注百分之百的注意力，絕對不會分神去思考過一會兒他要對夥伴說什麼。同樣地，作為一名積極的傾聽者，你貢獻百分之百的注意力給另外一個人，不會出現想到什麼就脫口而出的情況。如此一來，你去除了先入為主的觀念，並敞開胸襟開創一段更有意義和更有效果的對話。

長久以來，我們塑造了生活、也塑造了自己。這個過程將會持續下去，我們最終都將為自己的選擇而負責。就如「目的」決定你的方向，沒有責難將築出一條實現目標的大道。

第33封信

善用每個人的智慧

- 不以自己的好惡為選拔人才的標準。
- 永遠不要讓自己個人的偏見，妨礙到自己的成功。
- 忠於自己將使自己贏得人生中最偉大的一場戰役。
- 最能創造價值的人，就是那種能徹底投身於自己最喜歡的活動的人。

你要想成功利用手下的熱情，你必須知道領導者的職責，不是要挖掘手下的弱點，而是要關注手下的優點與才幹，並讓這些優勢充分發揮出來。我沒有挑部屬最脆弱的特質的習慣，卻總要找尋他們最堅強的部分，讓他們的才幹充分展現在工作的挑戰與需求上。例如，我重用阿奇博德先生。

與有些人不同，我不以自己的好惡為先選拔人才的標準，我用人並不會看他身上貼著什麼標籤，我看中的是他在工作中展示出來的能力。我喜歡自己的這種標準，因為我更喜歡辦事的效率。

我的目的是要在每位手下身上找出我所重視的價值，而不是那些我所不樂見的缺點。我找出每個員工值得重視和部分，並致力於將員工的優點轉化成出色的才能，而不會試圖修正他們的缺點。所以，我總是擁有健全能力、樂意奉獻的部屬。

一個人不能主宰一個集體。我不否認領導者的巨大作用，但就整體而言取勝靠的是集體。我所取得的任何榮譽所依靠的都是集體的力量，而絕非我個人。也只有眾人都付出努力，才能相信並期待奇蹟的出現。

第34封信

永遠要做策略性的思考

・我們要勇於在別無選擇中，毅然殺出一條生路。
・單純操弄手段的計畫者，只配給策略性的思考者提鞋。
・要找出完美構思的最佳途徑，就是必須有許多想法。

很多人都認為我有著非凡的能力，是一位充滿效率與行動能力的領導者。如果真是這樣，我想你也可以獲得這樣的讚譽，只是你需要克制找尋簡單、單向解決方案的衝動，樂於嘗試能達成目標的各種可能性辦法，擁有在困難面前付諸行動的耐心、勇氣和膽略，以及不達目的決不收手的執著精神。

要成為傑出的領導者，我們必須讓自己成為一位策略性的思考者，而不僅是手段的設計者。我們還得避免將自己局限於既定的實施政策的流程中，我們的座右銘雖是專注，但是具有彈性空間。我們著重於探索的過程，在每一天的分分秒秒中，我們都能開創有助於達成長遠目標的可能方向。

我們不會固守三種、五種方式來達成遠端目標，而是在無時無刻都能發掘獲取利潤的機會——不論是在與對手交談，或與部屬進行腦力激盪的會議中。

為了遠離危機風暴，我們必須不斷地擬定新的策略，同時調整舊有的計畫。在因應每天商業環境改變的同時，我們也必須依據情勢的變化來修正長遠的進程。這樣在短期內我們不但能維持彈性的作風，同時從長期來看，我們對一個能符合最新經濟環境的彈性理想目標，也有了清楚的概念。我們可將陳腐的策略計畫束之高閣，並且精力充沛、滿懷希望地在朝氣蓬勃的環境中步調一致地向前邁進。

克服絕望的方式只有一種，那就是持續創造出各種可能性以跨越障礙。簡單地說，希望源自於相信有其他選擇的存在。

第35封信
將部屬放在第一位

・始終把為我賣命的雇員擺在第一位。
・一味索求而不願付出，終會面臨耗竭的一天。
・給予人們應得的尊重，他們就能徹底發揮潛能。

人性最基本的一面，就是渴望獲得慷慨。我本人勤儉自持，卻從沒忘了要慷慨相助他人。記得那次經濟大蕭條時，我曾數次借債來幫助那些走投無路的朋友，讓他們的工廠和家人平安度過了危機。而在我的記憶中我從無催債和逼債的記錄，因為我知道心地寬容的價值。

至於對雇員，我同樣慷慨、體恤，我不但發給他們比任何一家石油公司都要高的薪金，還讓他們享受保證他們老有所終的退休金制度，我還給予他們每年約見老板要求為自己加薪的機會。我不否認付出慷慨的功利作用，但我更知道我的慷慨將換來雇員生活水準的提升，而這恰恰是我的職責之一，我希望每一個為我做事的人都因我而富有。

雇主就是雇員的守護神，雇員的問題就是我的問題，我握有選擇權，我可以選擇忽略他們的需求，也可以選擇滿足他們的需求，但我喜歡選擇後者。我總試圖了解雇員需要什麼，接著就想辦法滿足他們的需求。我不斷詢問他們兩個問題：「你需要什麼？」和「我可以幫上什麼忙嗎？」我隨時都在旁邊關心他們。對我來說，這個職務最大的樂趣之一，就是我能對雇員提供一臂之力。

薪水和獎金相當誘人，可對一些人來說，金錢並不能引發他們效命的動機，但給予重視卻能達到這個目的。在我看來，每個人都渴望被認為有價值、受到重視、贏得他人的尊重，每個人的脖子上都掛著一幅無形的標誌，上頭寫著：重視我！

我喜歡在部屬桌上留一張便條紙，上頭寫著我的感謝詞。對於我花一兩分鐘信手寫來的感激之語，可能早已不復記憶。但是我的感激之意卻會產生鼓舞人心的影響，經過多少年後，他們還都能記得我這個慈愛的領導者留給他們的溫暖鼓勵，並視其為一個珍貴的箴言。這就是一則簡單的感謝聲明，能夠展現強大力量的另一個明證。

第36封信

財富是一種責任

・巨大的財富，也是巨大的責任。
・只有傻瓜才會因為有錢而自命不凡。
・絕不能給任何有私心的人一點點好處。

這次金融危機席捲華爾街，處於恐慌之中的存款人排起長隊要從銀行取走存款，出現擠兌，一場將導致美國經濟再次進入大蕭條的危機來臨的時候，我預感到國家已陷入雙重危機：政府缺乏資金，民眾缺乏信心。此時此刻，「錢袋先生」必須要為此做些什麼，我打電話給斯通先生，請美聯社引用我的話，告訴美國民眾：我們的國家從不缺少信用，金融界的有識之士更以信用為生命，如果有必要，我情願拿出一半的證券來幫助國家維持信用。請相信我，金融地震不會發生。

感謝上帝，危機已經過去，華爾街已經走出困境。

而我為這一刻的到來，做了我該做事情，就像《華爾街日報》評論的那樣，「洛克菲勒先生用他和聲音和巨額資金幫助了華爾街。」

——只是，有一點永遠都不會讓他們知道，在克服這次恐慌中，我是從自己錢袋裡拿錢最多的人，這令我非常自豪。

如今，很多人，當然還有報紙，都對慷慨解囊的人們大加讚譽，但在我這裡它一文不值。良心的平靜才是惟一可靠的報酬，國難當頭，我們本該當仁不讓、勇於承擔。我想那些真誠伸出援手的人們同我一樣，我們只是想用自己的力量、信仰與忠誠照耀我們的祖國。

但我未將自己視為拯救者，更未自命不凡，只有傻瓜才會因為有錢而自命不凡，因為我是公民。我知道，我擁有巨大財富，我也因它而承擔著巨大的公共責任，比擁有巨大財富更崇高的是，按照祖國的需要為祖國服務。

約翰，我們是有錢，但在任何時候，我們都不該肆意花錢，我們的錢只用在給人類創造價值的地方，而絕不能給任何有私心的人一點點好處。

名譽和美德是心靈的裝飾，如果沒有她，即使肉體再美，也不應該認為美。

第37封信

讓你的心靈更加豐盈

- 即使你要出賣心靈，也要賣給自己。
- 讓我們學會既聰明又謙遜，既謙遜又聰明。
- 偉大的書籍就是偉大的智慧樹、偉大的心靈之樹。

心靈是我們每個人真正的家園，我們是好是壞都取決於她的撫育。因為進入這個家園的每一件東西都有一種效用，都會有所創造，為你的未來做準備，或者會有所毀滅，降低你未來可能的生命成就。

一個人必須找到自己的家，才不至於去流浪或淪為乞丐。首要的，即使你要出賣心靈，也要賣給自己。我們要接納自己。我們必須清楚，人是以上帝自己的心意創造的，其地位僅次於天使。上帝不會設下有關年齡、教育、性別、胖瘦、膚色、高矮或其他任何表面上的限制，上帝也沒有時間創造沒用的人，更不會忽略每個人。其次我們要有積極的態度。

事實上，精神食糧隨處可得，例如書籍。經由偉大的心靈撞擊而寫成的書籍，沒有一本不是洗滌並充實我們心靈的食糧，它們早已一勞永逸地為後人指明了方向，而我們可以其中任意挑選我們想要的。偉大的書籍就偉大的智慧樹，偉大的心靈之樹，我們將在其中得以重塑。讓我們學會既聰明又謙遜，既謙遜又聰明吧。

第38封信 人人都能成為大人物

・我們要做世上的鹽，完全獻身給世人。
・人沒有什麼了不起，但沒有什麼比人更了不起的了。

在《馬太福音》中記有一句聖言：「你們是世上的鹽。」這個比喻平凡而又發人深省。鹽食之有味，又能潔物、防腐。基督想以此教誨他的門徒們應該肩負怎樣的使命和發揮怎樣的影響，他們到世上來就是要淨化、美化他們所在的世界，他們要讓這個世界免於腐敗，並給予世人更新鮮、更健康的生活氣息。

鹽的首要責任是有鹽味，鹽的鹽味象徵著高尚、有力、真正虔誠的宗教生活。那麼，我們應該用我們的財富、原則和信仰到做什麼呢？無疑，我們要做世上的鹽，去積極地服務社會，使世人得福。這是我們每個也是最後一個社會責任。

我們現在的責任，就是完全獻身於周圍世界和眾人，專心致志於我們的給予藝術藝術。我想沒有比這個更偉大的了。

我希望在座的各位，都知道，我們是在有意義的行動中活著，而不是歲月；我們是在感覺中活著，而不是電話按鍵上的數字；我們是在思想中活著，而不是空氣；我們應該在正確的目標下，以心臟的跳動來計算時間。

如果你忘記我今晚所說的話，請不要忘記我下面的話——

思考最多、感覺最高貴、行為也最正當的人，生活也過得最充實！

後記

從二十世紀到二十一世紀，有一個傳奇的家族卻經受住了各種考驗。但它卻仍屹立如斯，它就是赫赫有名的洛克菲勒家族。

這個家族歷經百年洗禮，從第一代約翰．戴維森．洛克菲勒創造出的石油王國開始，已經延綿了六代走向第七代，而到現在都沒出現要沒落的迹象。

作為世界首富比爾．蓋茲唯一的偶像，洛克菲勒不僅是一位眼光獨到的商人，更是一名教子有方的好父親。他給兒子留下的教子38封信，至今還被很多富豪家庭沿用作為家訓。

洛克菲勒認為，想要獲得財富，應該先讓自己養成良好的品格，要努力去擁有健全的人格，強大的內心，懂得不懈努力，還有擁有一定的社會責任感，這樣的人才能立於不敗之地。

一、冷靜沉著，是解決問題走向成功的第一步

歷史上所有能夠做到「運籌帷幄之中，決勝千里之外」的戰略家，幾乎都有一種特質，那就是——遇事冷靜。

洛克菲勒作為一名超級資本家，他的冷靜可以說是深入骨髓。他告訴兒子：「一個明智的人，一定是個冷靜的人。」因為只有足夠冷靜的人才能發現事物的本質，找出問題的突破口，解決問題，取得成功。

有一次，公司因為沒有提前檢查好買入的大理石，收貨才發現有很多瑕疵。連老闆都焦頭爛額，但是洛克菲勒卻非常冷靜。他主動去調查情況，最後建議老闆不要將事情聲張，而是直接找到負責運貨的3家運輸公司索賠。最後成功幫公司挽回損失。

還有一次，賓夕法尼亞州的石油剛被發現的時候，所有人都看到了這個發財的機會，一堆人蜂擁而至投資開採。

洛克菲勒雖然也想賺大錢，但是他並沒有跟風，而是選擇了到現場實地了解情

況，冷靜分析利弊再做決定。

到了產地才發現，井架林立。那裡的開發好的油井就有72座，日產量高達1135桶。如果大家都跟風投入，最後只會面臨市場飽和，石油降價的風險。不僅賺不到錢，還有可能血本無歸。

他沒有被表面的繁榮景象所蒙蔽，沒有跟風投資。

最後，果然不出所料。石油價格從原來的20美元暴跌到了不足10美分。很多開發商直接宣告破產。而洛克菲勒卻憑藉冷靜的頭腦避免了損失。

所以，遇事千萬不能慌亂，一定要保持冷靜。只有穩住陣腳，才能沉著應對。

在生活中，我們每個人也都難以避免會遇到問題，如果自己不能保持冷靜，那只會自亂陣腳，導致最後滿盤皆輸。

畢竟，心靜則平，平則智，智則不亂，不亂才能不衰。唯只有保持沉著冷靜，才能更快更準確地找對問題，對症下藥，解決問題，獲得成功。懷沉著冷靜之智，才能永立潮頭。

二、要無條件相信自己，信心是成功之父

海倫．凱勒曾說過：「信心就是命運的主宰。」

所以，想要主宰命運，獲得成功，就先要樹立自信心。

在洛克菲勒給兒子寫的38封信中，就有5封信是鼓勵兒子要相信自己。他認為，一個人的思想觀念就是人格的核心。你覺得自己是什麼樣的人，就會成為什麼樣的人。如果你覺得自己平凡無奇，最後只會過上普通的生活。

一八三九年，洛克菲勒出生在紐約的一個小城鎮。家境貧窮的他，中學所用的課本都是好心的鄰居捐贈的。學校拍集體照的時候，攝影師甚至因為他的衣著過於寒酸將他拉出隊伍。

但是洛克菲勒從來不會妄自菲薄，他對自己的人生目標毫不猶豫，14歲就立志要成為富豪。他把屈辱當作人生動力，也堅信自己會有所成就，終成大器。

中學畢業後，洛克菲勒參加了三個月的短期會計技能訓練就出去找工作。他找到工商企業名錄，把知名度高的公司抄下來，然後一個一個上門預約面試。

雖然一直沒被錄用，但是絲毫不影響他對自己的肯定和對目標的堅持。一周7天，他就有6天在準備面試，一連跑了6個星期，他終於獲得了自己人生中第一份正式的工作——簿記員。

他對會計的工作的嚴謹、細緻也讓他很快就獲得了老闆的賞識，沒過多久就被提升為主任記帳員。

當初美國石油被發現的時候，所有人都認定這種石油無法使用，根本沒有市場潛力。可是洛克菲勒卻對自己的決定充滿信心，他和公司簽訂對賭協議，如果虧本了就自己墊錢賠償。如果最後除臭技術能研發出來，賺錢就大家一起分。

他敢想敢做，對待目標非常堅定。最後他成功了，萊瑪石油的成功開採幾乎幫助他將石油產業做到了壟斷。

要相信自己，這樣我們才會擁有更多的動力去拼搏，才會擁有更大的能量去面對困難。

在前進的道路上，難免會面對失敗，遭遇他人的嘲諷和詆毀，但是我們沒有必要過於在意。既然選擇了挑戰，你只管披荊斬棘，最後總能乘風破浪。

三、只要不認輸，你的人生就不存在真正的失敗

鐵血宰相俾斯麥曾說過：「對於不屈不撓的人來說，沒有失敗這回事。」真正內心強大的人，能歷經風雨，見識人間百態後，依舊屹立不倒。

當兒子因為賠了一百萬而自怨自艾的時候。洛克菲勒告訴他：「任何人的一生都不可能自始至終地保持順利，失敗在所難免，但是我們不能讓自己沉浸在失敗中無法自拔，否則只會離成功越來越遠。」

在洛克菲勒的心中，林肯就是不懼困難的化身，是上個世紀最偉大的存在。他出身貧寒，從小就靠打獵、種田為生，只上了四個月的小學卻出奇地好學。為了能夠獲取知識和技能，他經常靠出賣體力去換取借閱圖書的機會。25歲之前的林肯幾乎沒有固定工作，渡口的擺渡工、超市的店員、石匠甚至種植園的工人，所有能夠幫助他維持生計的工作，他幾乎都從事過。

連續兩次創業失敗，改行從政後，第一次競選還差點就把工作丟了。第二次競選好不容易成功了，但是親人卻又離世了。

一生坎坷的他卻從未向命運低頭。林肯用一生去詮釋了一個道理：「除非自己放棄，否則誰也不能把你打垮。」

因為——他從不放棄，只是不斷反思，不斷重來。最後——他成為美國最偉大的總統，解放了四百萬黑奴。

洛克菲勒將他視為偶像，也希望自己的兒子能夠向他學習，不要害怕失敗。因為想要獲得成功，摔倒了爬起來是必備技能。

就連天才發明家愛迪生也是有了上萬次的失敗經歷才成就了輝煌人生。

所以，這世界上根本就沒有不經歷失敗就成功的幸運兒。

人生本就是一段崎嶇的苦行，沒有人永遠一帆風順，更不會有人一直摔跤。害怕失敗只會讓你變得猶豫不決，變得不敢冒險，最後反而有可能錯失良機。

這個世界上只有一種失敗，那就是被自己的失敗所擊敗。放棄的人才是真正的失敗者。只要不言敗，你的人生就永遠會有轉機。

所以，不管經歷再多的困難，我們都不能讓自己萎靡不振，更不能因為一次失敗就停止前進的步伐。戰勝自己，你才會成為下一個人生贏家。

四、要有社會責任感相信因果，廣結善緣

命運就像是一條無盡的因果鏈條，萬事萬物皆因此而賴以生存，世界本身的發展也遵循著這一準則與因果關係。大善之人，必有善報和福報。

洛克菲勒堅信：「一個人活著，必須在自身與外界創造足以使生命和死亡有點尊嚴的東西。」而慈善事業就是他心中最值得驕傲的事情。

他的母親伊萊扎．戴維森是一個虔誠的浸禮會教徒。浸信會鼓勵信徒積累財富，但反對炫耀。他們認為，信徒應該努力賺錢去創造更多的社會價值，奉獻社會，這樣才能獲得更多的福報。

洛克菲勒一生深受母親的影響，所以他的人生目標一直都是，努力賺錢，然後盡力去捐錢。

工作第一年他就將大約6％的工資捐給了慈善機構。20歲之後，捐贈比例更是高達收入的10％。

他崇尚節儉，從來不允許子女隨意揮霍金錢，而是教育他們要將金錢用在可以

創造價值的地方。

他的一生捐資總額超五億美元，占自身資產的三分之一。

可以說，他開了富豪行善的先河，讓更多的富豪愛上了慈善事業。

由洛克菲勒出資成立的洛克菲勒研究所幫助北美醫學研究，成功根除了鈎蟲病這種疑難疾病。出資開辦芝加哥大學、洛克菲勒大學、約翰霍普金斯公共衛生學院，培養優秀人才無數。

如今哪怕漫步在紐約街頭，你都可以隨處可見洛克菲勒家族的慈善印記。摩根大通銀行、現代藝術博物館都跟洛克菲勒大有淵源。

俗話說得好，有心就有福，有願就有力，自造福田，自得福緣。

這世上，你若種下善的因，定會結出善的果。喜歡送花的人終將被鮮花圍繞，廣結善緣，也最終為自己舖就康莊大道。

一個懂得奉獻的人，注定也會獲得更多別人的感恩和回報。

收穫愛，散發愛，平衡生活的哲學，奉獻精神讓我們看到美好，為愛永存。

你是如何思考的就決定了你將如何行動，你會如何行動最終就決定了你會擁有什麼的結果。

我們不能左右風的方向，但卻可以不斷調整自己的風帆。

「人生由我」只有相信自己足夠重要的人才會被珍視，只有相信自己會有所成就的人，才會獲得最終的勝利！

〈全書終〉

國家圖書館出版品預行編目資料

洛克菲勒窺見上帝秘密的人／洛克菲勒原典；林郁主編；初版－新北市；新潮社文化事業有線公司，2025.05

面；　公分

ISBN　978-986-316-939-0（平裝）

1. CST：成功法　2. CST：自我實現

177.2　　114002879

洛克菲勒窺見上帝秘密的人

洛克菲勒〔原典〕

林郁〔主編〕

【策　劃】林郁

【制　作】天蠍座文創

【出　版】新潮社文化事業有限公司

電話：(02) 8666-5711

傳真：(02) 8666-5833

E-mail：service@xcsbook.com.tw

【總經銷】創智文化有限公司

新北市土城區忠承路 89 號 6F（永寧科技園區）

電話：(02) 2268-3489

傳真：(02) 2269-6560

印前作業　菩薩蠻電腦科技有限公司

東豪印刷事業有限公司

福霖印刷企業有限公司

初　　版　2025 年 06 月